G01/16

TRÉSORS
DES EXPRESSIONS FRANÇAISES

Sylvie Weil – Louise Rameau

Préface de Georges Perec

BELIN

8 rue Férou - 75278 Paris CEDEX 06
www.editions-belin.com

Couverture
Conception graphique : Rampazzo & Associés
Illustration : Éric Giriat

Le code de la propriété intellectuelle n'autorise que « les copies ou reproductions strictement réservées à l'usage privé du copiste et non destinées à une utilisation collective » [article L. 122-5] ; il autorise également les courtes citations effectuées dans un but d'exemple ou d'illustration. En revanche « toute représentation ou reproduction intégrale ou partielle, sans le consentement de l'auteur ou de ses ayants droit ou ayants cause, est illicite » [article L. 122-4]. La loi 95-4 du 3 janvier 1994 a confié au C.F.C. (Centre français de l'exploitation du droit de copie, 20, rue des Grands-Augustins, 75006 Paris), l'exclusivité de la gestion du droit de reprographie. Toute photocopie d'œuvres protégées, exécutée sans son accord préalable, constitue une contrefaçon sanctionnée par les articles 425 et suivants du Code pénal.

© Éditions Belin 2008   ISSN 0291-7521   ISBN 978-2-7011-4930-1

Préface

On dit **vieux comme Mathusalem** pour un individu très âgé et **vieux comme Hérode** pour un événement très très ancien. Pour Mathusalem, passe encore, il fut effectivement le doyen des patriarches (c'est d'ailleurs son seul titre de gloire), mais pour Hérode, c'est beaucoup moins évident ; quel que soit l'Hérode dont il est ici question (Hérode le Grand, responsable du massacre de Bethléem, son fils Hérode Antipas qui fit décapiter Jean-Baptiste, son petit-fils Hérode Agrippa Ier qui fit décapiter Jacques et emprisonner Pierre, ou son arrière-petit-fils Hérode Agrippa II resté célèbre pour avoir eu une liaison avec sa sœur Bérénice), d'innombrables personnages ont bien avant lui exercé sur le pauvre monde leurs méfaits ou leurs bienfaits sans pour autant devenir des symboles d'ancienneté historique.

La première caractéristique de ces expressions me semble donc être leur arbitraire. En quoi la **flèche du Parthe** a-t-elle davantage inquiété les Romains que le dard du Dace, le pic du Picte, le glaive du Scythe, l'épieu du Numide ou la framée du Franc ? Nous ne le saurons évidemment jamais. Et nous ne nous poserons même pas la question, car c'est précisément cet arbitraire qui fonde l'indubitable pérennité de ladite expression, lui assure son indélébile statut de proverbe, comme si plus l'expression était fragile et plus elle s'ancrait dans la mémoire des hommes.

Le comble est sans doute que non seulement cette expression se perpétue, mais qu'elle suffit généralement à assurer l'éternité au personnage, au héros, au lieu, à l'anecdote, et éventuellement à l'auteur qui sont à l'origine de ces expressions.

FIER COMME ARTABAN a ainsi suffi à maintenir jusqu'à nos jours, en tout cas dans les dictionnaires usuels, le nom de Gautier de Costes de la Calprenède (1610-1663), auteur d'une *Cassandre* en 10 volumes et d'une *Cléopâtre* en 23 ; cet auteur connut en son temps une grande renommée, bien que ses productions fussent pleines, dit M. F. Bouquet, agrégé de lettres, professeur à l'École supérieure des Sciences et des Lettres et au Lycée de Rouen, «de dissertations galantes, d'interminables descriptions, de portraits sans nombre et d'un verbiage fade et langoureux». Le seul Artaban, avec sa fierté, lui a permis de passer à la postérité, alors que la plupart des littérateurs qui furent ses contemporains sont aujourd'hui totalement tombés dans l'oubli et qu'il faut de longues et fastidieuses recherches dans des grimoires fatigués et périmés pour savoir que Mademoiselle Marie de Pech de Calages fut l'auteur d'une *Judith* en huit livres dont les vers auraient été imités par Racine, ou pour évoquer la mémoire du généalogiste Jean du Bouchet (1599?-1684) dont, est-il dit, les ouvrages historiques sont précieux par les recherches qu'ils contiennent et le grand nombre de pièces qu'on y trouve, et qu'il ne faut surtout pas confondre avec le poète poitevin Jean Bouchet (1476-1555), qui fut l'auteur du *Panégyrique de la Trémouille*, de *l'Amoureux transi sans espoir* et des *Angoisses du monde*.

Les exploits de **LUCULLUS** nous sont connus, mais guère ceux de Marcus Aurelius Cotta, qui fut pourtant consul la même année que lui, et nul ne se souvient de ce pauvre Yered, qui ne vécut que trois ans de moins que Mathusalem, et qu'est-ce que trois ans sur 969 !

On dira qu'il y a là une injustice certaine. Mais, après tout, il n'est pas mauvais non plus, de temps en temps, qu'un homme laisse son nom dans l'histoire, non parce qu'il fit massacrer en un seul jour trente mille Lusitaniens (comme le prêteur Sergius Sulpicius Galba), mais parce qu'il aimait la bonne chère ou que sa femme fut blanchisseuse avant de devenir duchesse. Ce pourrait être le premier enseignement à tirer de ce livre.

Le second serait que nos ancêtres possédaient une culture classique plutôt pharamineuse, dont ces expressions aujourd'hui toutes faites sont en quelque sorte l'ultime trace, avec les pages roses du petit Larousse et les jeux de mots d'Astérix. Il n'est que de lire ce livre pour, au fil des pages, de **SE METTRE SUR SON TRENTE-ET-UN** à **FRANCHIR LE RUBICON**, de **IL NE MANQUE PAS UN BOUTON DE GUÊTRE** à **ÇA TOMBE COMME À GRAVELOTTE**, de **TRAVAILLER POUR LE ROI DE PRUSSE** à **ALLER À CANOSSA**, du **CHEMIN DE DAMAS** à **LA CUISSE DE JUPITER** et du **TONNEAU DES DANAÏDES** aux **MOUTONS DE PANURGE** et à la **VOIX DE STENTOR**, se rendre compte que nos aïeux baignaient dans une familiarité quotidienne avec la Bible, l'*Iliade* et l'*Odyssée*, l'histoire grecque et romaine, les grands textes de l'antiquité, la mythologie, les *Mille et une Nuits*, Rabelais, les Classiques et les fabulistes.

Le troisième enseignement est nettement plus pessimiste : sorties de leur contexte et de l'environnement culturel qui les vit naître, ces expressions plus ou moins inexplicablement préservées sont peut-être ce qui peut le mieux nous faire sentir cette part de *langue morte* qui survit aujourd'hui dans la langue que nous parlons tous les jours. Ce livre en est la preuve puisqu'il est là pour expliquer l'origine de tournures qui au départ furent populaires et que tout un chacun employait en connaissance de cause ; mais si nous continuons à parler avec insouciance des **DOUZE TRAVAUX D'HERCULE**, des **SEPT MERVEILLES DU MONDE**, des **DIX PLAIES D'ÉGYPTE** et des **SEPT COLLINES DE ROME**, nous serions bien incapables de les énumérer. Ce jardin des locutions françaises est, quelque part, un grand cimetière…

Il n'en demeure pas moins qu'entre les noms communs et les noms propres, il y a un vide que les dictionnaires, choses habituellement sérieuses, ne songent que rarement à combler, et il est heureux de voir ici recensées 250 expressions familières dont on prend enfin le peine de nous raconter l'histoire. Même celui qui a tout oublié du peu de latin qu'on lui a infligé en classe n'a pas besoin de dictionnaire pour traduire *Cave canem, Habeas corpus, Sic transit gloria mundi, Ibant obscuri sola sub nocte*, ou même *O fortunatos nimium, sua si bona norint, agricolas* (expression d'autant plus remarquable qu'elle ne contient pas une seule fois la lettre E…). Mais on n'a généralement jamais su pourquoi Landerneau était une ville bruyante, Capoue délicieuse, Capharnaüm désordonnée, les Laconiens laconiques, les Béotiens béotiens, les Spartiates stoïques, les Phrygiens en bonnet, le Pont-Neuf solide, l'an quarante de peu d'importance, l'Albion perfide, Procuste un mauvais coucheur et le loup blanc plus connu que les autres. Il me plaît d'apprendre ici que Balzac n'a jamais écrit «À nous deux, Paris», ce sur quoi quasiment tout le monde serait prêt à parier sa dernière chemise, que Jean de Nivelle n'avait pas de chien, et que le brave La Palice n'a jamais émis la moindre lapalissade. Et il ne nous reste plus à espérer qu'un second recueil vienne nous expliquer l'origine de locutions beaucoup plus proches de nous, mais tout aussi impénétrables et nous révèle enfin pourquoi l'as de pique est mal vêtu, la romaine bonne, la grand-mère pas poussable dans les orties, les carottes cuites, la Reine Mère indigne de confidences, le beurre prédestiné aux épinards et la boule de gomme à jamais associée au Mystère…

Georges PEREC

A

ADIEU, VEAU, VACHE, COCHON

On le dit avec amertume lorsque les rêves s'écroulent, lorsqu'arrive le temps de la désillusion après celui où l'on bâtissait des châteaux en Espagne. On évoque ainsi une très célèbre fable de La Fontaine, *La Laitière et le Pot au lait*:

Perrette, sur sa tête ayant un pot au lait
Bien posé sur un coussinet,
Prétendait arriver sans encombre à la ville.
Légère et court vêtue, elle allait à grands pas,
Ayant mis ce jour-là pour être plus agile
Cotillon simple et souliers plats.
Notre laitière ainsi troussée
Comptait déjà dans sa pensée
Tout le prix de son lait, en employait l'argent,
Achetait un cent d'œufs, faisait triple couvée;
La chose allait à bien par son soin diligent.
«Il m'est, disait-elle, facile
D'élever des poulets autour de ma maison:
Le Renard sera bien habile,
S'il ne m'en laisse assez pour avoir un cochon [...]
Et qui m'empêchera de mettre en notre étable,
Vu le prix dont il est, une vache et son veau,
Que je verrai sauter au milieu du troupeau?»
Perrette, là-dessus, saute aussi, transportée.
Le lait tombe; adieu veau, vache, cochon, couvée».

La Fontaine, *Fables*, VII, 10.

ADORER LE VEAU D'OR

On dit aussi, ironiquement ou amèrement, que le «veau d'or est toujours debout» et on parle du «culte du veau d'or» auquel s'adonnent certaines sociétés. L'expression dit bien ce qu'elle veut dire, à savoir que nous aimons trop les richesses et que nous honorons volontiers les riches. Nous avons le culte de l'or... Mais pourquoi un veau ? C'est que pendant les quarante jours que Moïse passa sur le mont Sinaï pour recevoir la Loi de Yahvé, les Israélites, qui l'attendaient, se découragèrent et s'imaginèrent qu'il ne reviendrait plus. Alors ils dirent à Aaron :

Allons, fais-nous un dieu qui marche à notre tête car ce Moïse, l'homme qui nous a fait monter du pays d'Égypte, nous ignorons ce qui lui est advenu. » Aaron leur répondit : « Ôtez les anneaux d'or qui pendent aux oreilles de vos femmes, de vos fils et de vos filles et apportez-les moi. » Tous ôtèrent donc les anneaux qu'ils avaient aux oreilles et les apportèrent à Aaron. Celui-ci, les ayant reçus de leurs mains, fit fondre le métal dans un moule et en coula une statue de veau. Alors, ils s'écrièrent : « Voici ton dieu, Israël, celui qui t'a fait monter du pays d'Égypte ».

Exode, 32, 1-5.

Moïse revint alors. Furieux et honteux de ce retour à l'idôlatrie, il fit massacrer les coupables (environ trois mille hommes) par les enfants de Lévi qui s'étaient rassemblés autour de lui. Puis Moïse demanda et obtint le pardon de Yahvé pour son peuple.

DES AGAPES

Le mot vient du grec : *agapê*, qui signifie amour. Dans l'Église primitive, les agapes étaient le repas que les fidèles prenaient en commun, en souvenir de la dernière Cène au cours de laquelle Jésus avait rompu le pain en disant à ses apôtres : *Prenez et mangez, ceci est mon corps* (Matthieu, 26, 26). Dès le deuxième siècle, les agapes devinrent distinctes de l'Eucharistie. De nos jours, si l'on parle d'agapes, c'est pour évoquer un repas abondant et chaleureux, pris entre amis...

ALLER À CANOSSA

Ou plutôt ne pas y aller, puisque cela signifie « s'humilier ». L'empereur allemand Henri IV (1056-1106) y alla, lui, en janvier 1077, et y resta trois jours pieds nus dans la neige et sans couvre-chef, à attendre que le pape Grégoire VII veuille bien le recevoir et lever son excommunication. Le pape et l'empereur jouaient depuis quelques années une partie serrée. Grégoire était le premier pape à s'opposer à l'investiture laïque des évêques. En 1075, il avait interdit, par un décret, toute intervention du pouvoir laïc dans les élections épiscopales et abbatiales. La riposte ne tarda pas : Henri IV fit proclamer la déchéance du pape au concile de Worms, en janvier 1076. Un mois plus tard, Grégoire l'excommunia et releva les sujets de l'Empire du devoir d'obéissance au souverain.

Abandonné de tous, Henri IV alla à Canossa... C'était là que séjournait le pape, en Émilie (Italie du Nord). Notons que si les affaires d'Henri IV s'arrangeaient momentanément, c'est de cette époque néanmoins que date l'indépendance de l'Église face au pouvoir séculier. Cette humiliation de l'empereur allemand laissa un souvenir si cuisant que huit siècles plus tard, lors du *Kulturkampf* (en 1872), le chancelier de l'Empire, Bismarck, pour marquer qu'il ne céderait pas aux catholiques, s'écria devant le Reichstag : « Nous n'irons pas à Canossa ! »

AU DIABLE VAUVERT

C'est-à-dire : très loin et dans un endroit considéré comme peu agréable. L'origine de cette expression n'est pas claire.

Au XVIe siècle, « faire le diable de Vauvert » signifiait s'agiter comme un beau diable, sans allusion à un lieu particulier. Il y avait au Sud de Paris, près de l'actuel carrefour Denfert-Rochereau, dans un lieu dit « le petit Gentilly », une abbaye de Chartreux, appelée abbaye de Vauvert, dont on pensait qu'elle avait été le théâtre de manifestations plus ou moins diaboliques. Selon certains, c'étaient les Chartreux eux-mêmes qui, pour persuader le pieux roi Louis IX de leur faire donation du domaine de Vauvert, auraient organisé toutes sortes d'apparitions d'esprits et de revenants... On parle également d'un château, bâti par le roi Robert le Pieux (996-1031) et portant aussi le nom de Vauvert (assez commun puisqu'il signifie « Val vert »), qui aurait longtemps servi de repaire à une bande de brigands redoutables.

Ces deux lieux sont-ils, en fait, le même ? Y a-t-il une part de vrai dans ces histoires ? Qui sait ? En tous les cas, le diable Vauvert reste un endroit si éloigné qu'il est abstrait et qu'il n'est pas question d'y aller, si ce n'est par l'imagination…

L'ÂNE DE BURIDAN

Buridan était un philosophe qui vivait au XIVe siècle. Il n'a probablement jamais eu d'âne et on ne trouve pas non plus trace d'âne dans son œuvre. On dit cependant que dans ses cours, pour discuter certaines thèses philosophiques, il aurait employé le fameux argument de l'âne. Il faut imaginer un âne, placé à égale distance d'un seau d'eau et d'une botte de foin. Cet âne a aussi faim que soif et ne sait s'il va commencer par se désaltérer ou par se rassasier. Il hésite tant et tant qu'il reste sur place. Mourra-t-il de faim ou de soif ?

Toutes les réponses sont permises mais c'est l'hésitation de ce pauvre âne qui s'est immortalisée dans cette expression.

À NOUS DEUX, PARIS

Phrase de résolution et de défi social, qui marque la volonté de combattre et d'« arriver » de celui qui a appris le cynisme à force d'être bafoué. Ces mots sont une déformation de ceux que prononce Rastignac à la fin du roman de Balzac, *Le Père Goriot*. Rastignac vient d'assister à l'agonie du père Goriot qui a attendu en vain ses filles, Madame de Nucingen, dont le jeune homme est épris, et Madame de Restaud. Toutes deux sont femmes du monde, richement dotées par leur père qu'elles ont ensuite renié. Rastignac est au cimetière :

> *Il regarda la tombe et y ensevelit sa dernière larme de jeune homme, cette larme arrachée par les saintes émotions d'un cœur pur, une de ces larmes qui, de la terre où elles tombent, rejaillissent jusque dans les cieux [...]. [Il] fit quelques pas vers le haut du cimetière et vit Paris tortueusement couché le long des deux rives de la Seine, où commençaient à briller les lumières. Ses yeux s'attachèrent presqu'avidement entre la colonne de la place Vendôme et le dôme des Invalides, là où habitait ce beau monde dans lequel il avait*

voulu pénétrer. Il lança sur cette ruche bourdonnante un regard qui semblait par avance en pomper le miel, et dit ces mots grandioses: « À nous deux, maintenant ! »
Et pour premier acte de défi qu'il portait à la société, Rastignac alla dîner chez Madame de Nucingen.

À Pâques ou à la Trinité

Et peut-être jamais, malgré la certitude qu'on a de voir arriver, à point nommé, l'une et l'autre de ces deux fêtes religieuses. Car cette expression familière vient du refrain d'une chanson populaire. Dans les premiers couplets, on apprend que «Malbrouk s'en va-t-en guerre» et qu'il «reviendra-z-à Pâques ou à la Trinité». Hélas! dans les strophes suivantes, on saura que «Monsieur Malbrouk est mort, est mort et enterré», et qu'en fait de Pâques ou de Trinité, il ne reviendra jamais.
Monsieur Malbrouk était John Churchill, duc de Marlborough, et cette chanson est un pamphlet burlesque. Il était effectivement parti en guerre, mais il en revint, malgré les espérances de ses ennemis qui chantèrent victoire trop vite. Il mourut tranquillement en 1727, à l'âge de soixante-douze ans.

L'apocalypse

Apocalupsis, en grec, signifie «révélation», et l'Apocalypse est le nom du dernier livre du Nouveau Testament; elle fut sans doute écrite, sinon par l'apôtre Jean lui-même, du moins dans son entourage immédiat, vers l'an 68. C'est le récit de sept visions qui annoncent la fin du monde et l'avènement du Christ. La deuxième vision est peut-être la plus connue: il s'agit de l'ouverture des sept sceaux, chacun donnant lieu à l'apparition d'un présage. Pendant l'ouverture de ces sceaux, quatre cavaliers défilent devant les yeux du prophète: le cavalier blanc, symbole de conquête, le rouge, symbole de guerre, le noir, symbole de famine et le cavalier pâle, représentant la peste. Au moment où le septième sceau est ouvert, sept archanges paraissent, munis de trompettes; tandis que les six premiers jouent, on assiste à une répétition des plaies d'Égypte. Quand sonne la septième trompette, le prophète voit l'arrivée du règne de Dieu dans les royaumes de ce monde.

On emploie souvent ce mot d'«apocalypse» pour désigner une chose qui porte en elle un mystère et une épouvante dignes de la fin du monde, comme un tremblement de terre, un raz de marée ou une éruption volcanique...

APRÈS MOI LE DÉLUGE

On ne sait pas exactement qui prononça ces mots. On les prête souvent à Louis XV qui aurait dit: «Les choses comme elles sont dureront autant que moi. Berry (le Dauphin) s'en tirera comme il pourra. Après moi le déluge».

Le roi aurait signifié ainsi, et c'est le sens que l'expression a conservé, que les bouleversements qui pourraient survenir après sa mort lui importaient peu. Mais Quentin de la Tour raconta que ces mots furent prononcés par Madame de Pompadour alors qu'il faisait son portrait. Comme le roi arrivait, très attristé par l'affaire de Rosbach où Frédéric II de Prusse avait battu les Français (1757), sa favorite lui aurait dit «qu'il ne fallait point qu'il s'affligeât, qu'il tomberait malade, qu'au reste, après eux le déluge»... Cette expression signifie qu'on se désintéresse de la suite des événements, même si elle menace d'être catastrophique.

L'ARGENT N'A PAS D'ODEUR

On le dit le plus souvent d'un bien mal acquis dont on préfère oublier l'origine. Cette expression date de l'empereur Vespasien à qui il échut de renflouer le trésor public dilapidé par Néron et ses successeurs. La situation était si désastreuse que tous les moyens semblèrent bons à cet empereur dont la frugalité et l'économie frisaient l'avarice. Il inventa quantité d'impôts, et en particulier celui sur les urines qui servaient aux teinturiers. Tout Rome s'en égaya et le fils de Vespasien, Titus, que cette situation gênait peut-être, le rapporta à l'empereur. Celui-ci lui mit sous le nez une pièce de monnaie en lui disant *Non olet:* ça ne sent rien.

On ne s'étonnera pas qu'en un tardif hommage à cet ingénieux empereur, les Parisiens du XIXᵉ siècle aient baptisé vespasiennes leurs urinoirs publics.

Arriver comme les carabiniers

C'est-à-dire toujours trop tard. Cette expression est une allusion au couplet des carabiniers dans l'opéra-bouffe *Les Brigands*, d'Offenbach :

*Nous sommes les carabiniers
La sécurité des foyers ;
Mais par un malheureux hasard
Au secours des particuliers
Nous arrivons toujours trop tard.*

Attacher le grelot

C'est faire le premier pas dans une entreprise jugée hasardeuse et difficile. Théophile Gautier, parlant de combat d'animaux, dit : [...] *c'est toujours le chien qui attache le grelot et commence la bataille*. Tous les grelots du monde ont toujours servi à avertir : ceux des lépreux, dans la Bible et l'Évangile, pour qu'on les fuie, ceux des brebis égarées pour qu'on les retrouve, et ceux du fou du roi pour ramener le monarque, le cas échéant, à plus de sagesse et d'humilité.

Mais est-il donc si difficile d'attacher un grelot ? Oui, pour les rats de La Fontaine, terrorisés par le chat Rodilard :

*Dès l'abord, leur doyen, personne fort prudente,
Opina qu'il fallait, et plus tôt que plus tard,
Attacher un grelot au cou de Rodilard,
Qu'ainsi quand il irait en guerre,
De sa marche avertis, ils s'enfuiraient sous terre.*

La Fontaine, *Fables*, 11,2.

Tous les rats furent bien d'accord, mais aucun ne se dévoua pour prendre ce risque : tant il est périlleux d'attacher le grelot…

Autant en emporte le vent

Mots désabusés qui évoquent parfois la vanité des promesses mais surtout la fragilité des choses humaines et la puissance irréversible de l'oubli. Maxime que François Villon a popularisée dans sa *Ballade en vieil langage françoys*:

Princes à mort sont destinez
et tous autres qui sont vivans:
s'ilz en sont courciez n'ataynez[1]
Autant en emporte ly vens.

---
1. *Courciez* = courroucés; *n'* = et; *ataynez* = chagrins.

B

UNE BACCHANALE

Employé au singulier, le mot est aujourd'hui synonyme d'«orgie», de «scène de débauche». Dans la Rome antique, les Bacchanales étaient les fêtes religieuses célébrées en l'honneur de Bacchus, dieu de la vigne et du vin et, de façon plus générale, de la végétation et de la nature… Ces fêtes étaient fort joyeuses. Les femmes étaient peu vêtues et de façon suggestive, à l'imitation des bacchantes, prêtresses qui accompagnaient le dieu dans ses déplacements. On dansait, on jouait des instruments rituels. Tant et si bien que ces manifestations finirent par être considérées comme immorales et dangereuses, d'autant que le culte de Bacchus avait un caractère secret. Plusieurs milliers de personnes furent impliquées au cours du grand procès que l'on fit aux adeptes de Bacchus, en 186 avant J.-C. Il y eut des condamnations à mort et des peines de prison. Les noms de «bacchanale» et de «bacchante» en ont gardé à tout jamais un sens péjoratif et presque diabolique. Furetière n'écrit-il pas que les Bacchantes sont des «femmes à qui la lubricité fait perdre toute mesure»…

BATTRE LA CHAMADE

Si votre cœur bat la chamade, c'est que l'émotion est forte. Il s'agit le plus souvent d'un émoi amoureux: votre cœur est prêt à s'avouer vaincu et à rendre les armes. La chamade, c'était le signal militaire que donnaient, au tambour ou parfois à la trompette (en ce cas on «sonnait» la chamade…), les assiégés d'une ville, pour prévenir qu'ils voulaient se rendre et traiter avec l'ennemi.

BEAU COMME UN ADONIS

La légende syrienne raconte qu'un roi de Syrie nommé Théias avait une fille Myrrha. Celle-ci, saisie de passion et de désir pour son père, parvint, grâce à une ruse et avec l'aide de sa nourrice, à s'unir à lui pendant douze nuits. Mais la douzième nuit, Théias s'aperçut de la supercherie et, furieux, se lança à la poursuite de sa fille, armé d'un couteau. Myrrha se mit sous la protection des dieux qui la transformèrent en arbre, l'arbre de myrrhe. Au bout de dix mois, l'écorce de cet arbre éclata et il en sortit un enfant d'une merveilleuse beauté. C'était Adonis. Aphrodite fut émue par sa beauté et décida de l'adopter. Elle le confia pendant un certain temps à Perséphone qui, elle aussi, s'éprit de lui à tel point qu'elle refusa de le rendre à Aphrodite. Zeus trancha la question en décrétant que le jeune garçon partagerait son temps entre les deux déesses tout en conservant chaque année quelques mois de liberté. Il en fut ainsi jusqu'au jour où Artémis, saisie, on ne sait pourquoi, de colère contre le jeune homme, lança contre lui un sanglier qui le blessa mortellement. (Une autre légende raconte que ce fut Arès, amant d'Aphrodite, qui tua le jeune homme par jalousie).

Aphrodite, accourue auprès de son ami blessé, pleura beaucoup et de ses larmes naquirent des roses, d'abord de couleur blanche, puis de couleur rose, car la déesse dans sa hâte, s'était piqué le pied et son sang venait se mêler aux larmes qu'elle versait. Quant à Adonis, de chacune des gouttes de son sang naquit une anémone.

En l'honneur de son ami perdu, Aphrodite fonda une fête funèbre que les femmes syriennes célébraient chaque année au printemps.

LA BOÎTE DE PANDORE

Ils étaient deux frères, des Titans, Prométhée et Épiméthée, qui furent chargés par Zeus de créer la race humaine. Ils le firent, mais Prométhée, saisi de pitié devant la nudité des humains, vola le feu aux dieux, l'apporta aux hommes et leur apprit à s'en servir. Zeus, furieux, décida de se venger, d'abord des hommes, puis de Prométhée. Il fit fabriquer par Héphaïstos une créature à l'image des déesses, il la fit parer de tous les dons : beauté, charme, habileté. Hermès lui donna la ruse et la fourberie, la parole séduisante et trompeuse (qualités considérées de tous temps comme féminines !). On lui donna le nom de Pandore, qui signifie « qui a reçu tous les dons ». On lui confia, en outre, une boîte contenant tous les maux : vieillesse, chagrin, maladie, famine et autres fléaux. Ainsi parée et dotée, on l'expédia chez les deux frères.

Prométhée méfiant, aurait voulu ne pas la recevoir mais Épiméthée, moins malin et séduit par tant de grâces, épousa Pandore. On prit soin d'interdire à celle-ci d'ouvrir la fameuse boîte, mais, dévorée par la curiosité, (encore un trait réputé féminin !), Pandore l'ouvrit un beau jour et tous les maux s'échappèrent pour aller se répandre sur la malheureuse humanité. Seule resta au fond l'Espérance qui, une fois sortie, elle aussi, devait aider les hommes à supporter leur misérable sort.

On parle quelquefois d'une « boîte de Pandore » pour désigner une chose d'apparence merveilleuse qui, s'y l'on y regarde d'un peu près, se révèle beaucoup plus compliquée qu'on ne pensait et qui, si l'on y touche, peut causer beaucoup d'ennuis ou même de catastrophes.

Un bon Samaritain

C'est un homme charitable et généreux. Le Samaritain est un personnage d'une parabole de Jésus (Luc, 10, 29-37) : un homme a été attaqué par des brigands et laissé pour mort sur la route. Passent un prêtre puis un lévite – personnages fort dignes – qui ignorent le blessé et pressent le pas. Enfin survient un Samaritain qui soigne cet homme et le transporte à ses frais dans une auberge, se montrant ainsi le véritable prochain du blessé, selon le commandement de Dieu. Les Juifs méprisaient les Samaritains et Jésus choisit cet exemple pour rendre plus frappante sa parabole.

Un bouc émissaire

Chacun a le sien, hélas, et rares sont ceux qui savent s'en passer, car le bouc émissaire, c'est celui sur qui on fait retomber toutes les fautes et tous les malheurs. À l'origine, cependant, il s'agissait bien d'un bouc que les Juifs, suivant les ordres donnés à Moïse par l'Éternel, chassaient dans le désert, après l'avoir chargé des malédictions du peuple. En vérité, il y avait deux boucs, en tous points semblables, de même taille, de même prix et saisis en même temps. Le premier bouc était sacrifié et l'on utilisait son sang pour purifier l'autel et le tabernacle. Quant au second :

Aaron lui posera les deux mains sur la tête, et confessera à sa charge toutes les fautes des enfants d'Israël, toutes leurs transgressions et tous leurs péchés, après en avoir ainsi chargé la tête du bouc, et l'enverra au désert et le bouc emportera sur lui toutes leurs fautes en un lieu aride.

Lévitique, 16, 21-22.

Les bottes de sept lieues

On dit parfois en plaisantant qu'on va les chausser, lorsqu'il s'agit de se hâter... Car ces bottes permettent de franchir sept lieues en une enjambée. Chacun peut les chausser : dans *Le Petit Poucet*, conte de Perrault (1628-1703), elles s'adaptent aussi bien à l'Ogre, à qui elles appartiennent, qu'au Petit Poucet qui les lui dérobera !

La lieue est une ancienne mesure de longueur qui équivaut à peu près à quatre de nos kilomètres ; chaque pas de cet Ogre dûment chaussé mesurait donc vingt-huit kilomètres !

Dans les bras de Morphée

« Est-ce dans les bras de Morphée que l'on doit d'une amante attendre le retour ? » demandait J.-B. Rousseau. Il avait raison. Attendre le retour d'un amant ou d'une amante n'incite généralement pas au sommeil. Or, dans les bras de Morphée on ne fait jamais que dormir...

Morphée était le fils de la Nuit et du Sommeil. Il était, lui, le dieu des songes. On le représentait avec des ailes de papillon, une poignée de pavots à la main.

Le nom de Morphée signifie *forme* en grec. Et en effet, Morphée prend pour chacun des formes différentes, tout le monde ne souhaitant pas s'endormir dans les mêmes bras…

Sur Morphée a été constitué le mot *morphine*, puissant hypnotique dérivé du pavot.

UNE BREBIS ÉGARÉE

C'est celle qui quitte à la fois le troupeau dont elle faisait partie et le droit chemin qu'indiquait le berger. Ce peut être l'enfant qui renie sa famille, ce peut être l'homme – ou la femme – qui choisit une vie marginale ou tout du moins différente de celle qu'on s'accordait à trouver bonne pour lui.

Mais ce n'est pas un mot de condamnation, c'est un mot d'espoir, car la brebis en question reviendra peut-être, si on sait l'aider. Dans l'Évangile, la brebis perdue symbolise en effet l'homme qui a péché mais qui peut se repentir et que Dieu n'abandonne pas. Jésus prononce cette parabole devant les Pharisiens qui lui reprochent d'accueillir des pécheurs:

Lequel d'entre vous, s'il a cent brebis et vient à en perdre une, n'abandonne les quatre-vingt-dix-neuf autres dans le désert pour s'en aller après celle qui est perdue, jusqu'à ce qu'il l'ait retrouvée. Et, quand il l'a retrouvée, il la met, tout joyeux, sur ses épaules et, de retour chez lui, il assemble amis et voisins et leur dit: «Réjouissez-vous avec moi, car je l'ai retrouvée, ma brebis qui était perdue!» C'est ainsi, je vous le dis, qu'il y aura plus de joie dans le ciel pour un seul pécheur qui se repent que pour quatre-vingt-dix-neuf justes, qui n'ont pas besoin de repentir.

Luc, 15, 4-7.

Dans l'Évangile, la parabole de la brebis égarée est, avec celle du **RETOUR DE L'ENFANT PRODIGUE**, une des paraboles de la miséricorde.

BRÛLER CE QU'ON A ADORÉ

C'est renoncer à ses opinions pour en adopter d'autres tout à fait opposées. On emploie cette expression avec une nuance de reproche ou d'ironie ou, à tout le moins, de surprise.

Mais c'est tout à fait littéralement que ces mots furent prononcés, le jour du baptême du roi Clovis, par l'évêque saint Rémi. Après la bataille de Tolbiac, en effet, Clovis avait perdu la foi en ses anciens dieux et Clotilde, son épouse, qui était chrétienne, avait confié à Rémi le soin de le convertir. Le baptême eut lieu le jour de Noël de l'année 496. Clovis fut baptisé avec trois mille de ses guerriers. Aucune pompe ne manquait à la cérémonie : draperies, bannières, encens, hymnes, cierges, processions. Clovis émerveillé demanda à l'évêque : « N'est-ce pas là le royaume de Dieu que tu m'as promis ? » « Non, répliqua l'évêque, ce n'est pas le royaume de Dieu, mais c'est la route qui y conduit. » Au moment où il le baptisait, Rémi dit ces mots à Clovis prosterné : « Courbe la tête, fier Sicambre, adore ce que tu as brûlé et brûle ce que tu as adoré. »

BRÛLER SES VAISSEAUX

On « brûle ses vaisseaux » quand on s'enlève les moyens de revenir sur une décision, quand on se met, volontairement, dans une situation irréversible.

L'Histoire nous apprend qu'Agathocle de Syracuse et un certain nombre de grands capitaines, dont Guillaume le Conquérant et Fernando Cortés, incendièrent leurs vaisseaux après être arrivés en pays ennemi, pour que leurs soldats, privés de tout espoir de retraite, n'aient d'autre choix que vaincre ou périr.

C

Un cacique
Le cacique était le chef ou le prince de certaines tribus d'Haïti, de Cuba et d'Amérique Centrale et du Sud, maintenant disparues. Dans l'argot de l'École Normale Supérieure, on appelle ainsi, depuis la fin du XIXe siècle, le premier reçu au concours d'entrée, et, par une extension plus récente du mot, le premier reçu à l'Agrégation dans chaque discipline.

Un capharnaüm
Capharnaüm était une ville commerçante de la Galilée, non loin de l'embouchure du Jourdain. Il y avait là une synagogue dans laquelle Jésus avait l'habitude de prêcher. Il y guérit un paralytique, après lui avoir accordé la rémission de ses péchés. Mais la mémoire populaire a surtout retenu les circonstances du miracle, telles que les raconte Marc (2,1-4) : la foule qui se pressait dans la maison où Jésus enseignait était si compacte que les porteurs du paralytique durent percer le toit et faire descendre la civière par le trou. Une maison bondée, un toit défoncé, un grabat qui descend parmi les gravats : un «capharnaüm» est assurément un lieu où règnent le désordre et la confusion.

Une catilinaire
C'est une sortie violente, une harangue, un réquisitoire, comme ceux qu'écrivit et prononça Cicéron contre Catilina, dont il dévoila la conjuration aux yeux des Romains atterrés (63 avant J.-C.).

UN CERBÈRE

Dans la mythologie grecque, Cerbère est le chien gardien des Enfers. Il a le physique de l'emploi, terrifiant à souhait avec ses trois têtes et son cou hérissé de serpents. Sa morsure est, bien sûr, empoisonnée. On raconte que plusieurs fois on trompa sa surveillance et qu'on l'amadoua. Orphée l'aurait charmé en jouant de la lyre, quand il descendit aux Enfers chercher sa femme Eurydice ; Psyché puis Énée l'auraient séduit en lui offrant des gâteaux de miel. Cependant, s'il arrive aujourd'hui qu'on rencontre un «cerbère», gardien jaloux d'un lieu interdit, rien ne dit qu'on saura l'amadouer. Le terme s'emploie de nos jours pour désigner une concierge particulièrement rébarbative ou encore un gardien de prison...

C'EST DE LA MERDE DANS UN BAS DE SOIE

Mot «historique» dont la paternité est difficile à attribuer. L'expression vise Talleyrand. On a prêté le mot à divers personnages et en particulier à Napoléon qui, dans un violent accès de colère contre son ministre, qu'il disgracia par la suite, lui aurait crié : «Vous, vous êtes de la merde dans un bas de soie.» La phrase dit bien ce qu'elle veut dire : sous l'élégance et le raffinement peuvent se cacher le vice, la ruse, l'intrigue, l'absence de scrupules...

C'EST LA MONTAGNE QUI ACCOUCHE D'UNE SOURIS

On le dit lorsque de grands et glorieux projets n'aboutissent à rien... ou presque rien. Cette expression a été mise en fable par La Fontaine qui la tenait d'Horace[1].

Une montagne en mal d'enfant
Jetait une clameur si haute,
Que chacun au bruit accourant
Crut qu'elle accoucherait, sans faute,
D'une cité plus grosse que Paris :
Elle accoucha d'une Souris.

Fables, V, 10.

---

1. *Parturient montes, nascetur ridiculus mus* : les montagnes seront en travail, il en naîtra une souris ridicule. (Horace, *Art Poétique*, 139)

C'EST LA POMME DE NEWTON

C'est une expression rare, assez érudite, qu'on emploie pour désigner un objet ou un indice qui semble très peu important mais grâce auquel se produit une révélation intellectuelle de grande portée.

Elle vient de l'anecdote selon laquelle Newton (1642-1727) voyant une pomme tomber à ses pieds, aurait eu alors l'intuition des lois de l'attraction universelle.

LA CHAMBRE INTROUVABLE

Plus royaliste que le roi, cette Chambre suscita l'ironie de Louis XVIII lui-même et de Châteaubriand, auteur de la formule. Le roi fut obligé de la dissoudre le 5 octobre 1816, un an exactement après qu'elle eut été élue. L'ultra-royalisme et le cléricalisme de cette Chambre étaient si fanatiques et exprimés avec tant de véhémence que les ministres en étaient embarrassés !

La formule est encore utilisée pour désigner une Chambre de députés où les partisans du gouvernement ont une majorité écrasante.

LE CHEVAL DE TROIE

C'est l'ennemi qui s'introduit sous des apparences inoffensives au sein d'un groupe. C'est un peu l'équivalent de la **CINQUIÈME COLONNE**. C'est ce qu'on appelle aussi en politique «faire de l'entrisme»…

La ruse est très ancienne puisque le fameux cheval était une gigantesque construction, haute comme une montagne, dont les flancs étaient formés de sapins entrelacés, que les Grecs imaginèrent de faire entrer dans Troie après avoir rempli ses flancs de leurs meilleurs guerriers, dont le divin Ulysse. Ils l'avaient construit sous prétexte d'offrande religieuse et d'expiation pour leurs crimes de guerre. Puis ils avaient fait semblant de se retirer. Les Troyens furent fascinés par cette merveille. Ils crurent le faux devin qui leur promettait la protection d'Athéna s'ils faisaient entrer le cheval dans Troie. Énée raconte comment le cheval est introduit par les Troyens qui sont obligés de démolir un morceau de leur rempart :

On met sous les pieds du colosse des roues glissantes, on tend à son cou des cordes de chanvre. La fatale machine franchit nos murs, grosse d'hommes et d'armes. À l'entour, jeunes gens et jeunes filles chantent des hymnes sacrés, joyeux de toucher au câble qui la traîne. Elle s'avance, elle glisse, menaçante, jusqu'au cœur de la ville. O patrie, ô Ilion, demeure des dieux [...] Quatre fois le cheval heurta le seuil de la porte et quatre fois son ventre rendit un bruit d'armes. Cependant nous continuons, sans nous y arrêter, aveuglés par notre folie et nous plaçons dans le haut sanctuaire ce monstre de malheur.
Virgile, Énéide, II, v. 235-245.

La nuit, les guerriers grecs sortirent du cheval. Ce fut la fin de Troie. Elle fut saccagée, ses hommes massacrés, les femmes et les enfants emmenés en esclavage.

LE CHIEN D'ULYSSE

Symbole d'une fidélité émouvante et inégalée, le vieux chien Argos reconnaît Ulysse au moment où celui-ci revient à Ithaque déguisé en mendiant. Il est le seul à le reconnaître immédiatement.

Argos était couché, couvert de poux. Il reconnut Ulysse en l'homme qui venait et, remuant la queue, coucha les deux oreilles : la force lui manqua pour s'approcher du maître. Ulysse l'avait vu : il détourna la tête en essuyant une larme...
Odyssée, XVII, 300-304.

Pénélope elle-même, l'épouse exemplaire, n'acceptera de reconnaître Ulysse qu'après l'avoir soumis à quelques épreuves.

LA CINQUIÈME COLONNE

C'est le cheval de Troie des temps modernes. Pendant la guerre civile d'Espagne (1936-1939), les Nationalistes employèrent ce terme pour désigner leurs partisans qui, restés dans Madrid occupée par les Républicains, aidaient clandestinement les quatre colonnes franquistes assiégeant la capitale.

L'expression a généralement un sens péjoratif, puisqu'elle désigne un élément, à l'intérieur d'un pays, qui favorise l'action de puissances ennemies.

Un colosse aux pieds d'argile

C'est une puissance dont la base est fragile, et qui est donc vulnérable malgré les apparences. L'image se trouve dans la Bible.

O roi, tu regardais, et tu voyais une grande statue;... la tête de cette statue était d'or pur;... ses pieds en partie de fer et en partie d'argile. Tu regardais, lorsqu'une pierre se détacha sans le secours d'aucune main, frappa les pieds de fer et d'argile de la statue et les mit en pièces.
Daniel, 2, 31-34.

Le combat de David et de Goliath

On désigne ainsi un affrontement inégal, mais sans préjuger en rien de son issue ; car on se souvient que dans la Bible, contre toute attente, David, l'enfant, tua Goliath, le géant. Goliath était le champion des Philistins, qui opprimaient Israël.

Sa taille était de six coudées et un empan (3 mètres). Il avait sur la tête un casque de bronze et il était revêtu d'une cuirasse à écailles ; la cuirasse pesait cinq mille sicles de bronze. Il avait aux jambes des jambières de bronze, et une javeline de bronze entre les épaules.
Samuel, 17, 4-7.

Goliath défiait l'armée d'Israël et proposait de se battre en combat singulier contre celui qu'elle choisirait ; le peuple du vainqueur asservirait l'autre. David s'offrit à Saül, roi d'Israël, pour relever le défi, et Saül tenta de l'en dissuader. Mais David sut convaincre Saül ; il prit son bâton, il mit dans son sac de berger quelques pierres bien lisses du torrent et il marcha vers Goliath.

(Il) mit la main dans son sac et en prit une pierre qu'il tira avec la fronde. Il atteignit le Philistin au front ; la pierre s'enfonça dans son front et il tomba la face contre terre. Ainsi David triompha du Philistin avec la fronde et la pierre : il frappa le Philistin et le fit mourir ; il n'y avait pas d'épée entre les mains de David. David courut et se tint debout sur le Philistin ; saisissant l'épée de celui-ci, il la tira du fourreau et acheva le Philistin et lui trancha la tête.
Samuel, 17, 48-51.

David épousa la fille de Saül. Plus tard, celui qui avait asservi les Philistins devint le roi d'Israël.

COMMENT PEUT-ON ÊTRE PERSAN ?

On lit cette phrase dans la trentième des *Lettres Persanes* (parues en 1721) de Montesquieu. Rica est un Persan qui, à peine arrivé à Paris, trouble le repos de la grande ville tant on cherche à le voir.

Cela me fit résoudre, écrit-il, à quitter l'habit persan et à en endosser un à l'européenne, pour voir s'il resterait encore dans ma physionomie quelque chose d'admirable. Cet essai me fit connaître ce que je valais réellement: libre de tous les ornements étrangers, je me vis apprécier au plus juste. J'eus sujet de me plaindre contre mon tailleur qui m'avait fait perdre en un instant l'attention et l'estime publiques: car j'entrai tout à coup dans un néant affreux. Je demeurais quelquefois une heure dans une compagnie sans qu'on m'eût regardé, et qu'on m'eût mis en occasion d'ouvrir la bouche. Mais si quelqu'un, par hasard, apprenait à la compagnie que j'étais Persan, j'entendais aussitôt autour de moi un bourdonnement. Ah! Ah! Monsieur est Persan? C'est une chose bien extraordinaire! Comment peut-on être Persan?

Montesquieu raille ainsi l'étonnement et la curiosité candides et indiscrets devant la différence. Si l'on répète cette phrase, c'est aussi pour se moquer d'un conformisme ingénu qui peut, le cas échéant, devenir cruel.

LE COMPLEXE D'ŒDIPE

Œdipe se croyait le fils du roi de Corinthe. Un oracle lui prédit un jour qu'il tuerait son père et épouserait sa mère. Horrifié, il fuit son pays et la demeure paternelle, et prit la route de Thèbes. Sur le chemin, il eut une querelle avec un homme qui voulait l'empêcher de passer; il le tua, et poursuivit sa route. L'entrée de Thèbes était gardée par le Sphinx. Ce monstre, doté du corps d'un lion et des ailes d'un aigle, terrorisait la région car il dévorait ceux qui ne pouvaient répondre à ses énigmes. À Œdipe il demanda quel était l'animal qui marchait sur quatre pattes le matin, sur deux à midi et sur trois le soir. Œdipe répondit que c'était l'homme, qui rampait dans l'enfance, se tenait debout quand il était dans la force de l'âge puis, une fois vieux, s'aidait d'une canne. Le Sphinx, vaincu, s'enfuit et Œdipe fut proclamé roi de Thèbes, dont il épousa la reine, Jocaste, qui était veuve. Plus tard, des fléaux s'abattirent sur la ville et l'on consulta un oracle pour connaître la raison. Il révéla que la cause en était la présence, à Thèbes, du meurtrier de Laïos. Œdipe se chargea de le découvrir et, au bout de son enquête, se découvrit lui-même. À sa naissance, un oracle avait prédit qu'il tuerait son père et épouserait sa mère. Son père, qui n'était autre que Laïos, roi de Thèbes, avait alors donné l'ordre qu'on tuât l'enfant nouveau-né. Mais l'ordre ne fut pas exécuté et l'enfant fut recueilli par des bergers qui le donnèrent ensuite au roi de Corinthe. Sur la route de Thèbes, c'était Laïos qu'Œdipe avait tué et Jocaste, qu'il avait épousée, était sa mère. Œdipe, au désespoir, se creva les yeux et se fit mendiant. Cette histoire, racontée par Sophocle, n'a cessé d'être reprise, à toutes les époques, en littérature aussi bien qu'en musique et en peinture. L'emprise exceptionnelle de ce mythe s'explique, selon Freud, par une disposition de l'être humain, qu'il nomme «complexe d'Œdipe»: l'enfant éprouve un attachement amoureux pour le parent du sexe opposé et désire obscurément la mort du parent qui est son rival. Selon Freud encore, tout être humain doit surmonter ce complexe pour atteindre une véritable maturité affective.

UNE CORNE D'ABONDANCE

C'est une source de richesses inépuisable… Zeus fut nourri et élevé en Crète par la chèvre Amalthée. C'est à elle que Rhéa, mère de Zeus, l'avait confié dès sa naissance, afin que son père Cronos, ne le dévore pas (voir **UN TRAVAIL DE TITAN**). Or un jour, en jouant, le jeune Zeus arracha malencontreusement une des belles cornes de sa nourrice. Plus tard, devenu roi de l'Olympe, le dieu donna à cette corne le pouvoir de prodiguer des fruits et des fleurs. Les uns disent qu'il offrit la corne à Amalthée, d'autres qu'il en fit cadeau aux nymphes du mont Ida.

On représente toujours la corne remplie de fruits et de fleurs, parfois de pierreries, et elle est devenue le symbole de la fécondité. De cette légende vient la coutume de suspendre à sa porte une corne pour attirer la fortune et l'abondance.

La peau de la chèvre Amalthée eut, elle aussi, un destin fabuleux (voir **SOUS L'ÉGIDE DE**).

Quant à la chèvre, certains affirment que Zeus, dans sa gratitude, fit d'elle une constellation céleste : nous la connaissons sous le nom de Capricorne.

UN COUP DE JARNAC

Il est efficace et tellement inattendu que les historiens se disputent encore pour savoir s'il est loyal ou non. Cependant, quand on emploie cette expression, c'est plutôt dans le sens «perfidie efficace». Ce coup fut commis par Guy de Chabot, baron de Jarnac, le 10 juillet 1547, lors du duel qui l'opposa au favori d'Henri II, François de Vivonne, seigneur de la Châtaigneraie. Celui-ci l'avait accusé d'entretenir une liaison incestueuse avec sa belle-mère. Ce fut le dernier duel qui se déroula en présence d'un roi : Henri II y assistait, entouré de toute sa cour, sur la terrasse de Saint-Germain-en-Laye.

Les adversaires se battaient au poignard et à l'épée. Jarnac simula, dit-on, une chute, mais avant de toucher terre, il trancha avec le poignard qu'il tenait dans sa main gauche le jarret de François de Vivonne. Le coup n'était pas mortel, et pour plaire au roi, Jarnac épargna son ennemi. Mais celui-ci, fort humilié par sa défaite, déchira les bandages qui protégeaient sa blessure et mourut peu après.

LE COUP DE PIED DE L'ÂNE

Pis qu'un coup, une injure. C'est le coup facile donné par un faible à un ennemi plus fort, que d'autres, ou le destin, ont déjà abattu.

Cette expression garde le souvenir d'une fable de Phèdre reprise par La Fontaine, *Le Lion devenu vieux :*

Le Lion, terreur des forêts
Chargé d'ans, et pleurant son antique prouesse,
Fut enfin attaqué par ses propres sujets,
Devenus forts par sa faiblesse.
Le Cheval s'approchant lui donne un coup de pied,
Le Loup un coup de dent, le Bœuf un coup de corne.
Le malheureux Lion, languissant, triste et morne,
Peut à peine rugir, par l'âge estropié.

Il attend son destin, sans faire aucunes plaintes,
Quand voyant l'Âne même à son antre àccourir:
Ah ! c'est trop, lui dit-il : je voulais bien mourir;
Mais c'est mourir deux fois que souffrir tes atteintes.

La Fontaine, *Fables*, III,14.

UN COUP DE TRAFALGAR

Le 21 octobre 1805, la flotte anglaise, commandée par l'amiral Nelson, remporta une victoire écrasante sur les flottes espagnole et française. Celles-ci, fortes de trente-trois vaisseaux, s'étaient formées selon la classique ligne de file. La flotte anglaise, elle, composée de vingt-sept navires, s'était partagée en deux colonnes qui coupèrent le centre et la gauche de la flotte alliée. Les Français et les Espagnols, pour qui cette tactique était inattendue, perdirent dix-sept navires, les Anglais aucun ! Cependant, Nelson trouva la mort au cours de cette bataille navale de Trafalgar, qui demeure une des plus célèbres de l'histoire.

C'est par allusion à la défaite de la flotte française et à l'effondrement du rêve qu'avait eu Napoléon de conquérir l'Angleterre, qu'on appelle encore parfois «coup de Trafalgar» un désastre aussi complet qu'inattendu.

LA COUR DU ROI PÉTAUD

Autrefois, en France, toutes les communautés se choisissaient un chef qu'on appelait roi. Les mendiants eux-mêmes en nommaient un, qu'ils baptisaient Pétaud, du latin *peto*, je demande. Ce roi Pétaud n'avait, on s'en doute, pas la moindre autorité.

C'est pourquoi on appelle «cour du roi Pétaud», ou encore, plus vulgairement, **PÉTAUDIÈRE**, un lieu où chacun veut commander et où, par conséquent, règne la plus grande confusion. :

Oui, je sors de chez vous fort mal édifiée:
Dans toutes mes leçons je suis contrariée;
On n'y respecte rien, chacun y parle haut,
Et c'est tout justement la cour du roi Pétaud.

Molière, *Tartuffe*, I, I.

CRIER HARO SUR LE BAUDET

«Haro», était au Moyen Âge, un cri d'appel à l'aide lorsqu'on était victime d'un attentat ou que l'on avait pris quelqu'un en flagrant délit. Plus tard, ce fut le terme que l'on employait au moment où l'on procédait à une arrestation. Nous aurions sans doute oublié le mot sans une fable de La Fontaine : *Les Animaux malades de la peste*.
La peste s'est répandue parmi les animaux : le Lion tient conseil, et décide qu'on recherche le plus coupable d'entre eux, le responsable de leurs maux. Lui-même s'accuse d'avoir dévoré force moutons, et même, quelques bergers. Mais sa cour le convainc aisément que ce ne sont que peccadilles. On absout de même les moins pardonnables offenses du Tigre, de l'Ours, et des autres puissants.

L'Âne vint à son tour et dit: j'ai souvenance
Qu'en un pré de moines passant,
La faim, l'occasion, l'herbe tendre, et je pense,
Quelque diable aussi me poussant,
Je tondis de ce pré la largeur de ma langue.
Je n'en avais nul droit, puisqu'il faut parler net.
À ces mots, on cria haro sur le baudet.
Un Loup quelque peu clerc prouva par sa harangue
Qu'il fallait dévouer ce maudit animal,
Ce pelé, ce galeux, d'où venait tout leur mal.
Sa peccadille fut jugée un cas pendable.
Manger l'herbe d'autrui! Quel crime abominable!
Rien que la mort n'était capable
D'expier son forfait: on le lui fit bien voir.»

La Fontaine, *Fables*, VII, I.

«Crier haro sur le baudet», c'est s'acharner d'un commun accord sur quelqu'un.

CULTIVER SON JARDIN

C'est s'occuper de ses affaires sans s'occuper de celles des autres, ni même des choses publiques. Dans *Candide*, le conte de Voltaire, qui est une satire de l'optimisme philosophique, le mot «jardin» n'est pas pris exclusivement dans ce sens métaphorique : cette phrase met aussi l'accent sur la valeur du travail.
Candide vivait dans un château où un précepteur, Pangloss, élève du philosophe Leibniz, professait qu'il n'y

avait pas d'effet sans cause et que tout était pour le mieux dans le meilleur des mondes. Candide adhère à ces thèses optimistes, malgré la suite de malheurs sans exemple qui s'abat sur lui et sur les autres personnages : amours contrariées, guerres, massacres, maladies, naufrages, tremblement de terre, tortures, viols...

À la fin du conte, les personnages se trouvent réunis près de Constantinople. La nouvelle s'est répandue qu'on a étranglé à Constantinople deux des conseillers du sultan et le mufti, chef religieux. Pangloss, « aussi curieux que raisonneur », demanda à un bon vieillard qui prenait le frais devant sa porte quel était le nom du mufti. Le bonhomme répondit qu'il n'en savait rien, qu'il n'avait *jamais su le nom d'aucun mufti ni d'aucun vizir* et que son seul souci était de cultiver son jardin avec ses enfants.

Candide trouva que cet homme s'était fait *un sort bien préférable à celui des six rois avec qui ils venaient de dîner.*

*Les grandeurs, dit Pangloss, sont fort dangereuses [...]. Vous savez comment périrent Crésus, Astyage, Darius, Denys de Syracuse, Pyrrhus [...], Marie Stuart, Charles I*er*, les trois Henri de France, l'empereur Henri IV. Vous savez... – Je sais aussi, dit Candide, qu'il faut cultiver notre jardin. Toute la petite société entra dans ce louable dessein ; chacun se mit à exercer ses talents : la petite terre rapportait beaucoup ; Pangloss disait quelquefois à Candide : « Tous les événements sont enchaînés dans le meilleur des mondes possibles ; car enfin, si vous n'aviez pas été chassé d'un beau château à grands coups de pied dans le derrière pour l'amour de Mlle Cunégonde, si vous n'aviez pas été mis à l'Inquisition, si vous n'aviez pas couru l'Amérique à pied, si vous n'aviez pas donné un bon coup d'épée au baron, si vous n'aviez pas perdu tous vos moutons du bon pays d'Eldorado, vous ne mangeriez pas ici des cédrats confits et des pistaches.*

Cela est bien dit, répondit Candide, mais il faut cultiver notre jardin.

D

UN DÉDALE

C'est un labyrinthe, un lieu où l'on risque fort de s'égarer ; il faut, pour en sortir, tenir le fil d'Ariane ! Dédale (en grec *Daidalos*), était l'architecte légendaire qui construisit pour Minos, roi de Crète, le palais appelé Labyrinthe où l'on enferma le Minotaure. Une fois la construction terminée, Minos voulut retenir Dédale. Afin de s'échapper, celui-ci fabriqua des ailes de plumes et de cire, pour lui-même et pour son fils Icare. Ils s'envolèrent mais Icare s'éleva trop haut et le soleil fit fondre ses ailes... Dédale arriva seul en Italie, puis en Sicile où il demeura.

Le mot est employé de nos jours tant au sens propre qu'au sens figuré. Dans ce dernier cas, il évoque les complications infinies d'une procédure, d'une administration, d'un problème...

LES DÉLICES DE CAPOUE

Capoue, en Campanie, était une des plus belles villes de l'Italie antique : verdoyante, ombragée de platanes, d'oliviers, de pins. Ses prairies et ses promenades étaient couvertes des fleurs les plus odorantes. C'était un paradis terrestre où abondaient oranges, citrons, figues, et où, bien sûr, le vin coulait à flots. Il y avait bien de quoi endormir l'armée d'Hannibal, après sa traversée des Alpes et sa victoire sur les légions romaines. Cette douceur lui fut fatale. Les Romains vainquirent à leur tour l'armée carthaginoise et rasèrent Capoue qui, trahissant son alliance avec Rome, avait accueilli Hannibal.

Capoue, c'est le piège de la facilité et des jouissances qui viennent mieux à bout des plus grandes forces que la force elle-même.

LE DEMI-MONDE

Le demi-monde, ce n'est pas le grand monde, ni le beau monde, c'est une catégorie de personnes déclassées qui en affectent les manières. Mais, plus qu'une caractérisation sociale, c'est une désignation à la fois sexuelle – car on parle plutôt de «demi-mondaines» que de «demi-mondains» – et morale, car ce sont des femmes entretenues assez richement qu'on évoque ainsi, avec mépris et ironie; ainsi les premiers mots qu'on lit au sujet d'Odette de Crécy dans la *Recherche du temps perdu*: «une personne presque du demi-monde».

Cette expression nous vient du titre d'une comédie d'Alexandre Dumas fils (1824-1895), *Le Demi-Monde*, dans laquelle Suzanne, Baronne d'Ange, demi-mondaine ambitieuse, rêve d'épouser M. de Nanjac, riche gentilhomme, et parviendrait à ses fins sans l'habileté d'Olivier de Jalin qui déjoue ses projets.

LE DENIER DE LA VEUVE

C'est, en un premier sens, l'aumône que fait un pauvre, par allusion au texte des Évangiles;

Jésus s'était assis face au Trésor, il regardait la foule mettre de la petite monnaie dans le Trésor, et beaucoup de riches en mettaient abondamment. Survint une pauvre veuve qui y mit deux piécettes, soit un quart d'as. Alors il appela ses disciples, et leur dit: «En vérité, je vous le dis, cette pauvre veuve a mis plus que tous ceux qui ont mis dans le Trésor. Car tous ceux-là ont mis de leur superflu mais elle, de son indigence, a mis tout ce qu'elle possédait, tout ce qu'elle avait pour vivre.»

Marc, 12, 41-44; Luc, 21, 1-4.

Le denier de la veuve, en un deuxième sens plus rare, c'est une petite somme qui est toute la ressource d'une personne.

Dieu reconnaîtra les siens

Au début du XIIIe siècle, Béziers était devenue l'un des centres de l'hérésie albigeoise. Le 22 juillet 1209, la ville fut prise et mise à sac par les croisés de Simon de Montfort. Plusieurs milliers d'habitants, hérétiques ou non, furent massacrés, et l'on prête au légat du pape, Arnaud Amalric, ces paroles: «Tuez-les tous, Dieu saura bien reconnaître les siens!»

Des discussions byzantines

Cette expression s'emploie pour désigner des discussions oiseuses et stériles. On raconte qu'au moment où Constantin Dragasès (1405-1453), dernier successeur de l'empereur Justinien, défendait Byzance contre le sultan ottoman Mehmed II et que celui-ci était arrivé sur les remparts mêmes de la ville, les moines de Byzance, eux, se livraient à de vifs débats sur des questions de théologie et de discipline… L'expression, un peu amère, viendrait de là… On parle aussi, dans le même sens, de **QUERELLES BYZANTINES**.

Un diseur de phébus

Phébus, en grec *Phœbos*, c'est l'autre nom d'Apollon, dieu du soleil et de la lumière. Phébus en grec signifie ce qui est brillant, lumineux. Il a pris aussi parfois un sens péjoratif, et signifie alors spécieux, ampoulé… c'est le sens qu'il a dans cette expression, devenue rare aujourd'hui; un «diseur de phébus», chez les écrivains du XIXe siècle et du début du XXe, c'était un homme qui parlait beaucoup pour ne rien dire, et dont le brillant discours n'était, à y bien regarder, qu'un obscur galimatias.

Les dix plaies d'Égypte

Ce sont les dix fléaux qui se déchaînèrent sur les Égyptiens quand Pharaon refusa la liberté aux Hébreux. Ils se produisirent l'un après l'autre, sur l'ordre de Moïse, dont la mission divine apparut ainsi clairement aux yeux des Égyptiens consternés et à ceux de son propre peuple. Chaque fois, le fléau cessait au moment où Moïse l'ordonnait.

Ces plaies furent, dans l'ordre (Exode, 7-12) : l'eau changée en sang ; les grenouilles ; les moustiques ; les taons ; la peste du bétail ; les pustules ; la grêle ; les sauterelles ; les ténèbres ; et enfin, la plus terrible de toutes parce qu'elle était irréparable, la mort de tous les premiers-nés, tant des animaux que des hommes.

Cette dernière plaie, tout en châtiant les Égyptiens pour les persécutions qu'ils faisaient subir aux Hébreux, grava l'idée de la puissance divine dans le cœur de ces derniers. Dieu faisait ainsi éclater, de la façon la plus convaincante, le dessein qu'il avait d'arracher son peuple aux mains des Égyptiens. Pharaon, dont le propre fils avait péri, consentit enfin au départ des Hébreux :

Pharaon convoqua Moïse et Aaron en pleine nuit et leur dit : « Levez-vous et sortez du milieu de mon peuple – vous êtes enfants d'Israël. Allez rendre un culte à Yahvé, selon votre requête. Prenez, comme vous l'avez demandé, votre petit et votre gros bétail et partez, et appelez sur moi aussi la bénédiction. »

Exode, 12, 29-32.

On dit encore parfois de quelqu'un d'insupportable que c'est **UNE VRAIE PLAIE D'ÉGYPTE**, ou tout simplement, **UNE VRAIE PLAIE**...

UN DON JUAN

Non, non : la constance n'est bonne que pour des ridicules ; toutes les belles ont droit de nous charmer, et l'avantage d'être rencontrée la première ne doit point dérober aux autres les justes prétentions qu'elles ont toutes sur nos cœurs [...]
Les inclinations naissantes, après tout, ont des charmes inexplicables, et tout le plaisir de l'amour est dans le changement. »

Molière, *Don Juan*, I, 2.

De Tirso de Molina à Molière et de Molière à Mozart, le mythe de Don Juan a largement dépassé les intentions de son créateur : loin d'être pour nous un simple débauché, un méchant que Dieu va punir, le Don Juan est l'éternel séducteur, toujours comblé et toujours insatisfait, dangereux et fascinant.

Un Don Quichotte

Un hidalgo bien pauvre d'une bourgade de la Manche, en Espagne, passait les moments où il restait oisif, *c'est-à-dire presque toute l'année*, à lire des romans de chevalerie. Il finit par en perdre le jugement et se crut appelé à la même destinée que les héros de ses livres. Il partit à l'aventure dans l'espoir de redresser toutes sortes de torts. Mais en fait de veuves et d'orphelins à secourir, c'est à des moulins à vent qu'il livra son plus célèbre combat : au moment où il croit percer le bras d'un géant, c'est l'aile du moulin qui met sa lance en pièces et qui envoie le chevalier rouler dans la poussière. L'amour propre de Don Quichotte est sauf, néanmoins : n'est-ce pas une magie hostile qui lui a ôté la gloire de la victoire en métamorphosant les géants en moulins ? De cette aventure nous vient l'expression si courante : **SE BATTRE CONTRE DES MOULINS À VENT**, qui signifie livrer bataille à un ennemi imaginaire. Quant à Don Quichotte, il est resté à tout jamais celui qui se ridiculise dans de vains combats.

Du roman de Cervantès, *Don Quichotte*, et des noms de certains de ses personnages, nous viennent d'autres expressions encore. **DULCINÉE** était, nous raconte Cervantès, une jeune paysanne de bonne mine qui s'appelait, en réalité, Aldonza Lorenzo. Don Quichotte la choisit quand il chercha *une dame de qui tomber amoureux, car, pour lui, le chevalier errant sans amour était un arbre sans feuilles et sans fruits*. Mais il lui fallait un nom digne des exploits que le héros comptait bien accomplir pour elle, et il la baptisa Dulcinée du Toboso, en pensant au village où elle était née. On a oublié Aldonza Lorenzo, mais il y a toujours des amours romanesques qui méconnaissent la bien-aimée à force de l'embellir. Et c'est pourquoi les « dulcinées » nous font encore sourire.

Sancho Pança était l'écuyer de Don Quichotte. L'hidalgo l'avait séduit par ses promesses : il deviendrait gouverneur d'une île ! Il planta là sa femme et ses enfants, quitta son état de paysan, et suivit Don Quichotte, juché sur *un très bon âne qu'il avait, parce qu'il ne se sentait pas fort habile sur l'exercice de la marche à pied.* Petit homme qui en suit un grand et vit dans son ombre, un **SANCHO PANÇA** oppose infatigablement son bon sens bavard et prosaïque aux rêves grandioses de son compagnon.

Et enfin, Rossinante ! Don Quichotte voulait qu'on oubliât que sa jument n'était qu'une vieille rosse *(rocin)*, avant qu'il ne devînt chevalier errant. Il voulait qu'un nom majestueux et sonore la signalât comme la première *(ante)* de toutes les rosses du monde. *Ainsi, après une quantité de noms qu'il composa, effaça, rogna, augmenta, défit et refit dans sa mémoire et son imagination, à la fin il vint à l'appeler Rossinante (Rocin-ante).* Mais tous ces efforts ont été vains et vaines aussi les courses et aventures où elle le porta : une **ROSSINANTE** ne sera jamais qu'un vieux bidet !

E

Un écho

Mal en prit à la pauvre nymphe Écho de vouloir protéger les amours de Zeus en faisant diversion auprès de son épouse Héra, par un bavardage incessant. Héra, furieuse, la punit en la condamnant à ne plus jamais parler la première. Ses tristes aventures ne s'arrêtèrent pas là. Elle s'éprit de Narcisse qui n'était amoureux que de lui-même. Elle en mourut de chagrin et il ne resta d'elle que sa voix, répétant sans joie les dernières syllabes des paroles prononcées par d'autres.

Éclairer sa lanterne

On emploie couramment cette expression comme si «la lanterne» était l'esprit qui n'attend pour y voir clair qu'un renseignement de plus. Or ce que dit Florian est tout autre et la lanterne est une lanterne magique (Florian, *Fables*, 11, 7). Cette lanterne magique appartenait à un montreur de singe. Cet animal, Jacqueau de son nom, s'en empara un jour que son maître était au cabaret, et voulut en offrir un spectacle, gratis, pour l'honneur, à des animaux qu'il invita :

> [...] on ferme les volets,
> Et, par un discours fait exprès
> Jacqueau prépare l'auditoire.
> Ce morceau vraiment oratoire
> Fit bâiller; mais on applaudit.
> Content de son succès, notre singe saisit

Un verre peint qu'il met dans sa lanterne.
Il sait comment on le gouverne,
Et crie en le poussant: Est-il rien de pareil?
Messieurs, vous voyez le soleil,
Ses rayons et toute sa gloire.
Voici présentement la lune, et puis l'histoire
D'Adam, d'Ève et des animaux...
Voyez, Messieurs, comme ils sont beaux!
Voyez la naissance du monde;
Voyez... Les spectateurs, dans une nuit profonde,
Écarquillaient leurs yeux et ne pouvaient rien voir,
Ils en parlent et s'étonnent...
Pendant tous ces discours, le Cicéron moderne
Parlait éloquemment, et ne se lassait point.
Il n'avait oublié qu'un point:
C'était d'éclairer sa lanterne.

Cette fable est donc une satire des beaux parleurs et des beaux esprits, de ceux qui n'oublient qu'une chose, au milieu de leurs discours : la clarté. Il ne faut pas leur demander d'éclairer notre lanterne mais bien plutôt la leur!

UNE ÉGÉRIE

Une égérie, c'est une conseillère, une inspiratrice secrète, comme l'était, dit-on, la nymphe Égérie pour le légendaire roi de Rome, Numa Pompilius. Elle habitait dans le bois d'Aricie où, raconte Tite-Live, le roi allait la retrouver pour de longs entretiens, au cours desquels elle lui dictait les lois qu'il appliquait dans Rome. Numa était le seul à qui elle se montrait. Était-ce une ruse de souverain désirant donner plus de force à ses décrets, aux yeux du peuple? On raconte en tous cas qu'après la mort de Numa, Égérie eut tant de chagrin et versa tant de larmes que la déesse Diane la transforma en fontaine. Par la suite, elle fut révérée des Romains et les femmes en couches se mettaient volontiers sous sa protection.

Égérie est restée le symbole de la femme inspiratrice des grands hommes. Madame Roland fut «l'égérie» des Girondins, Madame de Staël aurait bien voulu être celle de Napoléon... Mais on peut être plus poétique encore et, d'un ivrogne invétéré auquel le vin donne de la verve, dire que la bouteille est son «égérie»...

L'Eldorado

C'était «le pays de l'or». On s'acharna à le découvrir, depuis 1539, date de la première expédition de Gonzalo Pizarre en Amérique du Sud, jusqu'en 1775. On le chercha au Venezuela, au Pérou, au Brésil. Orellana, lieutenant de Pizarre, affirma l'avoir trouvé, quelque part entre l'Amazone et l'Orénoque. Les rumeurs les plus folles circulèrent et toute l'Europe rêva de ce fabuleux pays. On décida que l'Eldorado était en Guyane, que c'était un empire fondé par un jeune prince inca. L'explorateur Martinez affirma avoir séjourné à Manoce, capitale du pays imaginaire et avoir vu de ses yeux le prince Eldorado, appelé aussi grand Moxo, qui se faisait chaque matin recouvrir d'une gomme précieuse puis saupoudrer d'or, de la tête au pieds. Sir Walter Raleigh exploita cette légende pour stimuler le zèle des hommes qu'il emmenait coloniser la Guyane. Il y fit quatre voyages, entre 1595 et 1617. Estimé de la reine Élisabeth, il préféra mentir plutôt que de se couvrir de ridicule en avouant n'avoir pas trouvé trace de l'Eldorado.

Ces légendes n'étaient cependant pas tout à fait vaines. On avait trouvé au Mexique et au Pérou d'importants gisements d'or et cet or avait été expédié en Espagne sur les grands navires à voiles qu'on nommait galions. De là viennent les expressions **C'EST LE PÉROU**, ou **CE N'EST PAS LE PÉROU**, pour signifier qu'une rétribution est large ou, au contraire, qu'elle ne l'est pas. On dit parfois aussi **LES GALIONS SONT ARRIVÉS**, ce qui veut dire qu'on a reçu un important envoi d'argent.

L'embarquement pour Cythère

Au nord-ouest de la Crète, l'île de Cythère[1] était consacrée à Aphrodite (en latin, Vénus, qu'on appelle aussi Cythérée parce que, née de la mer, c'est là qu'elle aurait mis le pied sur la terre pour la première fois). Quoi d'étonnant à ce qu'une île enchanteresse, vouée au culte de la déesse de l'Amour, devienne la patrie allégorique de l'Amour même?

---

1. Son nom moderne est Cerigo.

Quant à l'expression «s'embarquer pour Cythère», qui signifie s'en aller au pays de l'amour, elle vient du titre d'une peinture de Watteau, *L'Embarquement pour Cythère* (1717), qui représente des couples d'amoureux sur le point de partir pour l'île d'Aphrodite, tandis qu'autour d'eux voltigent des Amours ailés…

ENCORE UN MOMENT, MONSIEUR LE BOURREAU !

Ce sont les fameuses paroles de supplication de Madame du Barry (1743-1793) au bourreau Sanson, au moment où il allait la guillotiner. Madame du Barry avait été la favorite de Louis XV, qui fit bâtir pour elle le pavillon de Louveciennes, près de Marly. Durant les derniers jours de sa vie, il semble qu'elle ait dénoncé plusieurs personnes pour essayer de se sauver. Elle a laissé à la postérité l'image d'une femme égoïste et lâche. On cite encore parfois, avec le sourire, ces mots dont le sens est évident.

ENFOURCHER PÉGASE

Quand Persée coupa la tête de la Gorgone Méduse, le sang se répandit et de ce sang naquit un merveilleux cheval ailé : Pégase. Persée l'enfourcha pour courir vers d'autres exploits : il sauva notamment la belle Andromède qui, attachée à un rocher, devait servir de proie à un affreux dragon. Monté sur Pégase, Persée tua le dragon. Plus tard, Bellérophon monta Pégase pour combattre et vaincre la Chimère.

Mais de nos jours, ce n'est pas pour tuer des monstres que l'on enfourche Pégase, car celui-ci est devenu le symbole de l'inspiration poétique. C'est lui, en effet, qui, d'un coup de sabot, fit jaillir sur l'Hélicon la source Hippocrène, près de laquelle se réunissaient les Muses ; les poètes venaient y puiser de l'eau. Il faut bien dire cependant que cette image prête à sourire ! Aussi est-ce avec ironie, le plus souvent, que l'on emploie l'expression «enfourcher Pégase». Au siècle dernier, Théophile Gautier écrivait :

La rosse qui me sert de Pégase est tout essoufflée et renâcle comme un âne poussif.

On dit aussi: «enfourcher son dada». Il ne s'agit plus là ni de Pégase ni de poésie, mais d'une idée fixe, à laquelle on revient comme un enfant revient à son cheval de bois, et dont on rebat les oreilles des autres.

EN HABIT ou COSTUME D'ÈVE

Le sixième jour de la Création, Dieu modela l'homme. Il l'installa dans un jardin, en Éden, à l'Orient, puis, voyant qu'il n'était pas bon que l'homme fût seul, il voulut lui donner une aide qui lui fût assortie.
Comme aucune bête sauvage ni aucun oiseau du ciel ne convenait à Adam, Dieu l'endormit, prit l'une de ses côtes et en façonna une femme qu'il amena à l'homme. Celui-ci s'écria: À ce coup, c'est l'os de mes os et la chair de ma chair.

Genèse, 2, 23.

Adam et Ève, alors, étaient tous deux nus, et ils n'avaient pas honte l'un devant l'autre. C'est par allusion à ce moment que décrit le texte biblique de la Genèse, et aussi à une longue tradition picturale où Ève est la seule femme que l'on présente dévêtue, qu'on dit d'une femme nue qu'elle est «en habit» ou «en costume d'Ève».

L'équivalent masculin de cette locution, «en costume d'Adam», est moins employée. Mais d'autres expressions nous rappellent la simplicité de son état: si quelqu'un mange ou se coiffe avec ses doigts, ou encore s'il s'y mouche, on dira qu'il se sert de la **FOURCHETTE**, ou du **PEIGNE**, ou du **MOUCHOIR D'ADAM**.

Dans le jardin d'Éden, Dieu avait fait *pousser du sol toutes espèces d'arbres, séduisants à voir et bons à manger,* mais il avait commandé à l'homme de ne pas goûter l'arbre de la connaissance du Bien et du Mal. Le serpent, qui était le plus rusé des animaux, réussit à tenter Ève. *La femme vit que l'arbre était bon à manger et séduisant à voir, et qu'il était, cet arbre, désirable pour acquérir l'entendement.*

Du récit de cette tentation, à laquelle Ève succomba, vient que nous appelons **LE FRUIT DÉFENDU**, en un sens plus large, une chose qui attire du fait même qu'elle est interdite. *Ève prit le fruit de l'arbre et le mangea. Elle en donna aussi à son mari, qui était avec elle, et il mangea.*

Si bien que lorsqu'on désigne une femme, en manière de plaisanterie, par l'expression **FILLE D'ÈVE**, c'est qu'on se souvient des «faiblesses» de la mère du genre humain. Ce peut être d'ailleurs avec tendresse qu'on appelle ainsi une femme curieuse, ou une femme tentatrice.

Le fruit qu'Adam reçut des mains d'Ève lui resta-t-il en travers de la gorge? Toujours est-il qu'on nomme **POMME D'ADAM** la saillie qui est formée par le cartilage thyroïde à la partie antérieure du cou de l'homme.

EN METTRE SA MAIN AU FEU

Par prudence, on n'emploie qu'au conditionnel cette expression très courante qui signifie être sûr de quelque chose.

Au Moyen Âge, l'épreuve du feu était censée prouver l'innocence ou la culpabilité de quelqu'un. On faisait porter au suspect une barre de fer rougie au feu. Il était absous si ses mains n'en portaient pas trace, condamné si elles étaient brûlées.

Nous lisons, dans le *Roman de Tristan et Iseut*, comment Iseut la blonde dut mettre la main au feu. Épouse du roi Marc, elle était l'amante de Tristan, et la rumeur s'en était répandue. Le jugement va avoir lieu et Iseut invente un stratagème. Comme il faut passer une rivière et qu'elle porte une belle robe, elle monte sur le dos d'un homme et cet homme, c'est Tristan déguisé en mendiant et méconnaissable. Il faut ensuite prêter serment et elle dit à haute voix :

Seigneurs, je jure sur les saintes reliques que jamais homme ne se mit entre mes jambes, hormis le ladre qui se fit bête de somme pour me porter outre le gué, et le roi Marc mon époux. De ces deux cas je ne puis m'éconduire.

Elle demande au roi Marc si ce serment lui convient, et Marc répond :

– « Oui, reine, et que Dieu manifeste son vrai jugement !
– Amen, dit Iseut.
Elle s'approcha du brasier, pâle et chancelante. Tous se taisaient; le feu était rouge. Alors, elle plongea ses bras nus dans la braise, saisit la barre de fer, marcha neuf pas en la portant, puis, l'ayant rejetée,

étendit ses bras en croix, les paumes ouvertes. Et chacun vit que sa chair était plus saine que prune de prunier.
Alors de toutes les poitrines un grand cri de louange monta vers Dieu.

Envoyer à la lanterne

À cause d'une chanson révolutionnaire encore connue: «Ah, ça ira, ça ira, ça ira, les aristocrates à la lanterne…», on croit souvent que la «lanterne» est la guillotine. En fait, il s'agit tout simplement des réverbères, qui étaient utilisés comme gibets pendant la Révolution: on y pendait, sans autre forme de procès.

L'épée de Damoclès

Damoclès était un courtisan de Denys l'Ancien, tyran de Syracuse (405-368 avant J.-C.). Il avait fini par l'exaspérer à force de le féliciter de son bonheur et de sa prospérité. En réalité, Denys, qui vivait dans la crainte qu'on n'attente à sa vie, s'était rendu célèbre par les précautions dont il s'entourait: il portait toujours une cuirasse sous ses vêtements et ne dormait jamais deux nuits dans la même chambre. Il ne laissait aucun barbier l'approcher et les souterrains de son palais étaient pleins de prisonniers dont il espionnait les moindres paroles. Il décida de donner une leçon à Damoclès, l'invita à un festin somptueux, lui fit mille honneurs, ordonnant à ses serviteurs de le traiter avec les plus grands égards. Au cours du repas, Damoclès leva les yeux et vit qu'au-dessus de sa tête, ne tenant qu'à un crin de cheval, était suspendue une épée très lourde. Damoclès en fit, dit-on, tomber sa coupe de vin! Il dut, en tout cas, avoir une idée plus juste du bonheur d'un tyran.
L'épée de Damoclès, c'est la menace qui pèse à chaque instant sur une paix si précaire qu'elle n'en est pas une, sur un bonheur qu'on désespère de préserver.

Être changé en statue de sel

C'est être tout à coup pétrifié, comme le fut, selon le texte de la Genèse, la femme de Lot.

Lot vivait à Sodome, ville que Dieu décida de détruire tant elle était célèbre pour la débauche qui y régnait. Mais Lot était un juste et Yahvé consentit à l'épargner, ainsi que sa famille. Les anges qu'il avait envoyés dirent à Lot :

« Debout ! Prends ta femme et tes deux filles qui se trouvent là, de peur d'être enveloppé dans le châtiment de la ville »... Ils le prirent par la main ainsi que sa femme et ses deux filles, pour la pitié que Yahvé avait de lui. Ils le firent sortir et le laissèrent en dehors de la ville... Sauve-toi, sur ta vie, ne regarde pas derrière toi et ne t'arrête nulle part dans la plaine, sauve-toi à la montagne pour n'être pas emporté. »

Lot fuit donc Sodome avec sa femme et ses filles :

Au moment que le soleil se levait sur la terre, Yahvé fit pleuvoir sur Sodome et sur Gomorrhe du soufre et du feu venant de Yahvé, et il renversa ces villes et toute la plaine, avec tous les habitants des villes et la végétation du sol.
L'histoire ne dit pas pourquoi la femme de Lot se retourna malgré les paroles des anges. Fut-ce par curiosité, par regret ou par pure désobéissance ?
Le fait est qu'elle regarda en arrière, et elle devint une colonne de sel.

Genèse, 19.

ÊTRE COMME LA MULE DU PAPE

Dans son conte, « La Mule du Pape » (*Lettres de mon moulin*, VII) Alphonse Daudet feint d'avoir passé de longs jours dans une bibliothèque pour trouver cette histoire. Mais c'est bien sûr à son imagination que nous devons d'évoquer ainsi quelqu'un de rancunier, capable d'attendre fort longtemps le jour de la vengeance. C'était, écrit Daudet, au temps où il y avait des papes en Avignon. L'un d'eux aima tant sa mule que bien des intrigants flattèrent la bête pour plaire au maître. Le plus habile fut Tistet Védène, qui émouvait le pape à force de douceur envers la mule : douceur feinte bien sûr ! Il joua un tour pendable à l'animal, qu'il fit monter à l'insu de tous au sommet d'un clocher du palais :

Et la pauvre mule se désolait, et tout en rôdant sur la plate-forme avec ses gros yeux pleins de vertige elle pensait à Tistet Védène : « Ah bandit ! si j'en réchappe... quel coup de sabot demain matin ! »

Elle en réchappa, mais le lendemain matin, le «bandit» était parti pour Naples. Il n'en revint qu'au bout de sept ans pour briguer un poste qu'il obtint aussitôt du pape en lui reparlant de sa mule. Mais elle l'attendait de pied ferme:

Quand il passa près d'elle, Tistet Védène eut un bon sourire et s'arrêta pour lui donner deux ou trois tapes amicales sur le dos, en regardant du coin de l'œil si le pape le voyait. La position était bonne... La mule prit son élan: – Tiens, attrape, bandit! Voilà sept ans que je te le garde! Et elle vous lui détacha un coup de sabot si terrible que de Pamperigouste même on en vit la fumée, un tourbillon de fumée blonde où voltigeait une plume d'ibis, tout ce qui restait de l'infortuné Tistet Védène! Il n'y a pas de plus bel exemple de rancune ecclésiastique.

ÊTRE COMME LE CHIEN DE JEAN DE NIVELLE

Cette expression, à la fois rare et familière, qui signifie être lâche ou démissionnaire, mais aussi rebelle, ne s'emploie qu'ironiquement. Elle est une déformation d'une chanson populaire du XVe siècle, qui n'évoque pas un animal, mais un personnage: «ce chien de Jean de Nivelle, qui s'enfuit quand on l'appelle».

Jean de Nivelle était le fils de Jean II de Montmorency, et il refusa, malgré l'ordre de son père, de marcher contre le duc de Bourgogne. On raconte qu'au moment où il prenait la fuite, son père lui criait de revenir, en le traitant de chien.

ÊTRE LACONIQUE

Les citoyens de Laconie, connus aussi sous le nom de Spartiates, étaient célèbres pour l'austérité de leurs mœurs et de leur langage. Un des exemples les plus connus de cette fameuse brièveté est la façon dont ils annoncèrent à leurs concitoyens leur victoire sur Athènes, victoire qui mettait fin à la guerre du Péloponnèse (431-404 avant J.-C.). Ils envoyèrent à Sparte un message ainsi conçu: «Athènes prise.»

On qualifie donc de laconique une façon particulièrement concise de s'exprimer.

ÊTRE MARIÉ DE LA MAIN GAUCHE

De nos jours, cela signifie vivre avec quelqu'un sans être marié. Mais dans le passé, cette union qu'on appelait aussi «morganatique» (de l'allemand *morgen*, matin) était un mariage légitime : celui qu'un prince ou un roi contractait avec une personne de condition inférieure. La cérémonie avait lieu le matin, c'est-à-dire sans pompe, et le prince ne pouvait donner sa main droite à celle qu'il épousait, signe que ce mariage n'en était pas tout à fait un ! D'ailleurs, les enfants d'un tel mariage, s'ils étaient légitimes et nobles, ne pouvaient pas pour autant prétendre hériter des États de leur père.

ÊTRE MÉDUSÉ

Ce verbe et son sens viennent du nom de la Gorgone Méduse, dont le regard changeait en pierre celui qui s'y exposait de face. Pour la tuer, Persée s'approcha d'elle à reculons en s'aidant de son bouclier, poli comme un miroir. Il trancha la tête dont la chevelure était formée d'une masse de serpents, et la fourra dans un sac. Du sang de Méduse naquit Pégase, le cheval ailé. Quant à la tête, au pétrifiant regard, il la donna à Athéna : elle la fixa sur son bouclier qui eut, dès lors, le pouvoir de... méduser l'ennemi !
Nous sommes «médusés» quand quelque chose nous surprend et nous fascine à tel point que, sans être tout à fait transformés en statues de pierre, nous perdons un moment l'usage de nos facultés !

ÊTRE SUR LA SELLETTE

Dans le passé, **TENIR QUELQU'UN SUR LA SELLETTE**, c'était le soumettre à un interrogatoire serré, c'était le presser de questions pour tirer de lui une chose sur laquelle il voulait garder silence. Aujourd'hui on le dit plutôt d'un candidat à un examen, qui s'est efforcé de ne pas garder le silence mais n'est pas certain de l'effet de ses paroles sur le jury. De nos jours, être tenu sur la sellette, c'est être jugé et critiqué.

Aux XVIIe et XVIIIe siècles, la sellette était un petit siège de bois sur lequel on faisait asseoir un accusé pour un dernier interrogatoire mené par ses juges. C'était un banc si bas qu'il obligeait à une posture humiliante, même si l'on couvrait la sellette d'un tapis quand l'accusée ou l'accusé était de qualité, ou d'un mérite considérable.

Dans des cas exceptionnels, il semble même qu'on ait surélevé la sellette pour ne pas infliger un excès d'humiliation à un accusé très noble. Ainsi en témoigne le récit du procès de Montmorency, par Pontis, dans ses *Mémoires:*

> La sellette était placée au milieu du parquet et on l'avait extraordinairement élevée en sorte qu'elle était presqu'à la hauteur des sièges des juges. Il était sur la sellette, nu-tête, sans être lié, contre l'usage du parlement de Toulouse, où on ne paraît sur la sellette que les fers aux pieds.

L'usage de la sellette a été aboli en 1789. Ce qui n'empêcha pas Robespierre d'employer encore l'expression au sens propre dans le discours fameux où il demanda la mise en accusation de Louis XVI : *Asseyons sur la sellette,* s'écria-t-il, *celui qui se plaçait sur un trône, et donnons à la royauté l'humiliation d'être accusée dans la personne de Louis.*

Eurêka !

Cri de joie et de victoire lorsqu'on trouve la solution d'un problème ou que l'on a tout simplement, une bonne idée, *Eurêka* signifie en grec « j'ai trouvé » et selon une anecdote très connue, c'est Archimède qui se serait ainsi exclamé dans son bain. Voici en quelles circonstances. Archimède était l'un des plus célèbres géomètres de l'Antiquité. Il vivait à Syracuse au IIIe siècle avant J.-C. et le roi Hiéron était venu lui soumettre un problème ; Hiéron soupçonnait un orfèvre qui lui avait fabriqué une couronne, d'avoir allié de l'argent à l'or, et cherchait le moyen de s'en assurer sans pourtant, bien sûr, détériorer l'objet. Archimède y réfléchit longtemps en vain, jusqu'au fameux jour où dans son bain, il se rendit compte que dans l'eau ses membres pesaient moins lourd. Ce fut, dit-on, une illumination. Il serait sorti du bain et se serait précipité en courant dans la rue, criant « Eurêka ! Eurêka ! », car il avait découvert le principe auquel il a donné son nom : tout corps plongé dans un fluide subit de bas en haut une poussée égale au poids du volume de fluide qu'il déplace. Cette remarquable intuition se joignait, dans l'esprit d'Archimède, à la notion de poids spécifique des corps, notion redoutable pour les orfèvres indélicats. Mais hélas, l'histoire ne dit pas, à notre connaissance du moins, quel fut le sort que cette grande découverte valut au (malheureux ?) orfèvre...

F

FAIRE DU RAMDAM

Ramdam est une déformation du mot arabe *Ramadan* qui désigne dans le calendrier musulman le neuvième mois de l'année, pendant lequel il est prescrit par le Coran de ne pas boire ni manger du lever au coucher du soleil. La rupture du jeûne s'accompagne chaque soir de festivités, et le mot «ramdam», qui est apparu dans notre langue à la fin du XIXe siècle, a d'abord signifié tapage nocturne. Il évoque maintenant n'importe quel vacarme.

FAIRE LA GRÈVE

La place de Grève était située à Paris, derrière l'Hôtel de Ville, au bord de la Seine. Cette place est restée célèbre parce qu'elle était le lieu des exécutions : *on y pendait et on y rouait tous les jours de la semaine*, nous dit Scarron. Mais on pouvait se tenir sur la place de Grève pour d'autres raisons que le spectacle des supplices : c'est là que divers corps de métiers de Paris avaient l'habitude de venir attendre de l'ouvrage. Cela s'appela **FAIRE GRÈVE**. Le passage fut rapide, du moins dans l'expression, d'une assemblée d'ouvriers à une autre, de ceux qui cherchaient du travail à ceux qui l'interrompaient pour manifester leur mécontentement.

Faire la mouche du coche

Toutes les mouches du monde ont toujours excédé leurs victimes à force de les harceler. La Fontaine nous conte que celle du coche fit plus encore : tandis que six chevaux s'épuisaient à tirer une lourde diligence jusqu'en haut d'une colline, la mouche prétendit diriger l'entreprise, de son bourdonnement et de ses agaceries... À la fin, elle s'attribue, en toute modestie, le succès de l'expédition et va jusqu'à réclamer aux chevaux le paiement de sa peine !

Ainsi certaines gens, faisant les empressés,
S'introduisent dans les affaires :
Ils font partout les nécessaires,
Et, partout importuns, devraient être chassés.

La Fontaine, *Fables*, VII, 9.

... ce sont « les mouches du coche ».

Faire le matamore

Un matamore est un personnage de la comédie espagnole qui se vante à tout propos de ses exploits contre les Mores (qu'on écrit aussi Maures). Son nom signifie : qui tue les Mores.

Le personnage est particulièrement bien représenté par Corneille, dans *L'Illusion Comique*. L'expression, de nos jours, s'applique à un homme qui fait étalage de sa bravoure ou qui se vante de ses exploits – pas nécessairement guerriers – d'une façon qui prête à rire.

Faire le zouave

Aujourd'hui, c'est une façon gentille et familière de dire « faire le malin », « le guignol ». Naguère, cela signifiait « crâner », peut-être parce que les zouaves avaient été fort remarqués. Ils portaient de larges culottes bouffantes aux belles couleurs, mais, loin d'être des pitres, ils étaient les soldats d'un corps d'infanterie française créé en Algérie en 1831, et se distinguèrent aux batailles de Crimée, de Palestro et de Magenta (Italie). Les premiers zouaves étaient kabyles, de la tribu *Zouaoua*, d'où vient leur nom.

L'ancien pont de l'Alma à Paris était décoré sur ses piles d'une statue de zouave commémorant la bravoure de ces soldats lors de la bataille sur le fleuve Alma en Crimée (1854). Lors de la reconstruction du pont en 1975, on a replacé la statue, chère aux Parisiens, qui mesurent la hauteur des crues de la Seine sur la culotte du zouave.

UNE FAMILLE FENOUILLARD

Lorsqu'on qualifie ainsi une famille, ou plus rarement un groupe, c'est pour mettre l'accent sur son peu d'organisation et aussi sur son aspect très provincial.
La Famille Fenouillard, première et très célèbre bande dessinée française (1889), est l'œuvre de Georges Colomb dit Christophe (1856-1945). Monsieur et Madame Fenouillard sont des commerçants bonnetiers de Saint-Rémy-sur-Deûle, en Somme-Inférieure ; ils ont deux filles, Artémise et Cunégonde, et Christophe nous représente leurs aventures et mésaventures tout autour du monde. Leur profond sentiment de la famille et du terroir les unit contre vents et marées, et même contre les sauvages qui les capturent. Jamais leur dignité ne les abandonne, pas même lorsque des Indiens baptisent Monsieur Fenouillard « Bison-qui-grogne ».

UNE FÉE CARABOSSE

Inutile d'avoir des pouvoirs magiques ou le dos voûté et déformé pour en être une : il suffit d'être plutôt vieille, assez laide et surtout très méchante et très effrayante.
La vraie fée Carabosse, celle du conte de Perrault (1628-1703), était tout cela à la fois. Son nom vient de ce qu'elle était bossue « à trente-six carats », c'est-à-dire vraiment très bossue. Elle a parmi les fées une place originale, puisqu'elle est tout le contraire d'une jeune, belle, blonde et bonne magicienne. On comprend que le roi et la reine aient oublié de l'inviter au baptême de la petite princesse qui deviendra, en partie par ses soins, la Belle-au-bois-dormant. Son souhait vengeur, après tous les bons vœux des fées réunies autour du berceau, fut que l'enfant devenue jeune fille mourrait d'une piqûre au doigt. Par

chance, de l'assemblée consternée, surgit, à la dernière minute, une bonne fée. Elle n'avait pas le pouvoir d'annuler tout à fait le sort jeté par Carabosse, mais elle put transformer cette mort en un long sommeil auquel mettrait fin, bien sûr, le baiser d'un prince charmant.

La femme de César ne doit pas être soupçonnée

Ces mots sont de César. Un jeune patricien débauché, Publius Clodius, s'était introduit chez lui, une nuit, déguisé en femme, pendant qu'on célébrait les mystères de la Bonne Déesse. Ces mystères étaient célébrés une fois l'an, en mai, par les femmes et les jeunes filles. Les hommes en étaient exclus sous peine de poursuites judiciaires.
Clodius espérait séduire Pompéia, l'épouse de César. Lors du procès, César qui voulait se ménager les bonnes grâces de Clodius, témoigna en sa faveur. Il affirma qu'il croyait en l'innocence de sa femme, et pourtant il la répudia. À ceux qui s'étonnaient, il répondit : « La femme de César ne doit même pas être soupçonnée. »

Un festin pantagruélique

C'est un festin qui évoque le géant Pantagruel, héros de l'œuvre de Rabelais. Ce géant buvait dans sa petite enfance le lait de quatre mille six cents vaches, et même, en dévora une qu'il était en train de téter... Il avait de qui tenir : son père était le géant Gargantua qui, lui, cria : « À boire, à boire, à boire... » dès sa naissance et n'était rassasié que par le lait de dix-sept mille neuf cent treize vaches. Ce même Gargantua, qui grandissait à merveille et faisait plaisir à voir, commençait ses repas par « quelques douzaines de jambons, de langues de bœufs fumées... ». On comprend donc aisément l'expression « avoir un appétit gargantuesque » passée dans notre langue, bien qu'il nous soit évidemment impossible de rivaliser avec le joyeux géant.

Fier comme Artaban

On ne le dit qu'en se moquant, et pour évoquer à la fois la fierté et la vanité de quelqu'un, ou son apparence : une démarche un peu martiale, un port assez hautain peuvent suggérer l'emploi de cette expression. Il y a aussi parfois de la tendresse dans ces mots: on dira volontiers d'un enfant fier d'un succès, ou fier d'un costume, qu'il est fier comme Artaban. Cette expression vient d'un roman de La Calprenède (1610-1663), *Cléopâtre*, qui est une fiction plus ou moins historique, au goût de l'époque, et dont un personnage très fat porte le nom d'Artaban. Cette épopée, en douze volumes, n'a laissé pratiquement aucun souvenir, si ce n'est cette expression qui, elle-même, se dégrade quelque peu parfois pour devenir: «fier comme un bar-tabac», et encore: «fier comme un p'tit banc!»

LE FIL D'ARIANE

À tout labyrinthe il y a une issue, écrit Alphonse Karr, *il s'agit d'avoir le fil d'Ariane*. Ce fil, c'est le moyen qui nous sert de guide pour sortir d'une situation difficile; au propre et au figuré, c'est «le flambeau qui éclaire notre intelligence»! Ariane, fille du roi de Crète, Minos, et de Pasiphaé, s'éprit de Thésée, venu en Crète pour tuer le Minotaure. Ce gigantesque monstre, à corps d'homme et tête de taureau, se nourrissant de chair humaine. Il était enfermé dans le labyrinthe construit par Dédale. Au moment où il y pénétrait, Thésée reçut d'Ariane une pelote de fil qu'il déroula au fur et à mesure qu'il avançait et qui lui permit de retrouver son chemin, une fois sa mission accomplie. Il quitta la Grèce, emmenant Ariane avec lui, mais il l'abandonna bientôt dans l'île de Naxos. Selon une légende, le désespoir d'Ariane fut tel qu'elle se jeta dans la mer. Une autre légende raconte que le dieu Dionysos, la trouvant endormie, tomba amoureux d'elle et l'épousa.

LA FLÈCHE DU PARTHE

Les Parthes étaient un peuple d'Asie qui semble ne s'être intéressé qu'à une chose, la guerre. Aussi y excellaient-ils! Il ne faisait pas bon se frotter à eux et les Romains l'apprirent à leurs dépens quand ils conquirent la Syrie. Crassus et Antoine se firent battre par eux, mais Auguste les soumit. Les Parthes étaient célèbres pour leurs talents

de cavaliers et la tactique un peu particulière qu'ils avaient portée à la perfection : simulant la fuite, ils criblaient de flèches, décochées vers l'arrière et par-dessus l'épaule, l'ennemi qui se lançait à leur poursuite.
La flèche du Parthe, c'est donc le trait ou le mot lancé en se retirant, celui auquel on ne peut pas riposter et qui, s'il n'est mortel, porte profondément.

LA FOI DU CHARBONNIER

C'est une foi solide, inébranlable mais naïve au sens où le «charbonnier» en question ne la fonde sur aucun argument philosophique, métaphysique ou théologique. Pour illustrer cette expression, laissons, le temps d'une chanson, *Le Mécréant*, la parole à Georges Brassens :

Est-il en notre temps rien de plus odieux,
De plus désespérant que ne pas croire en Dieu.
J'voudrais avoir la foi, la foi d'mon charbonnier,
Qu'est heureux comme un Pape et c.. comme un panier.

Un grammairien du XVIIe siècle, Fleury de Bellingen, fait remonter cette expression à un conte, mais il ne nous dit pas quelles sont ses sources. L'histoire est courte : un charbonnier, à qui le diable demande à quoi il croit, lui répond à chaque fois : «Je crois ce que l'Évangile croit».

LE FRANÇAIS MOYEN

Qui est-il au juste? On ne sait pas exactement; on parle souvent de lui, pour évoquer, avec un sourire un peu condescendant, ses opinions littéraires ou politiques, ses rêves, ses (petites) habitudes, ses goûts en matière de cuisine ou de villégiature; mais il semble qu'il s'agisse toujours de quelqu'un d'autre que soi...
C'est en 1924 que le terme a fait son apparition officielle, dans la bouche du Président du Conseil, Édouard Herriot. Au cours d'une déclaration à la presse au sujet de l'épineux problème du règlement des dettes de guerre, il affirma le droit du Français moyen à recevoir des explications.

Franchir le Rubicon

C'est faire un pas décisif et irréversible, c'est s'élancer hardiment, comme le fit César, en 49 avant J.-C., quand il traversa, pour se rendre à Rome, le fleuve Rubicon en criant *Alea jacta est* (autre formule restée célèbre et qui signifie : les dés sont jetés !). Le Rubicon formait la frontière entre la Gaule Cisalpine, dont César était le gouverneur, et l'Italie. Il était interdit à un général romain d'entrer en armes en Italie. En franchissant le Rubicon avec son armée, César déclarait donc la guerre à la République, dont il violait la loi, et à Pompée, allié du Sénat qui lui avait confié les pleins pouvoirs.

Fumer le calumet de la paix

Pour nous, c'est une façon plaisante, voire ironique, de dire : « faire la paix ». Mais chez les Indiens d'Amérique du Nord, c'était chose grave, car on fumait officiellement le calumet lors des décisions importantes, et ce calumet était le symbole même de la paix. Le symbole contraire, aussi connu sans doute, était la hache de guerre, qu'on déterrait avant toute offensive, pour l'enterrer à nouveau, la guerre finie. De John Ford à Lucky Luke, quel western ne nous a pas rendu ces images familières ? On se rappelle que le calumet est une pipe à long tuyau. « Calumet » est de même origine que « chalumeau », qui signifie le roseau. Le tuyau du calumet était fait d'une tige de roseau.

Une furie

On imagine une atroce mégère grimaçante et échevelée, terrifiante... On a raison. Une des Furies (de leur nom grec les Érinnyes) s'appelait Mégère. Les deux autres étaient Alecto et Tisiphone. Elles avaient de grandes ailes, des pieds d'airain, des serpents enroulés autour des mains et de la tête et elles portaient des fouets et des torches. Ces charmantes créatures étaient des divinités infernales très anciennes. Filles de la Nuit et du Temps, c'étaient les déesses de la Vengeance : elles se chargeaient de punir celui qui avait commis un meurtre à l'intérieur de la famille ou du clan, car elles avaient pour mission de maintenir dans le monde l'ordre normal des choses. Ce sont elles qui poursuivent sans relâche Oreste après qu'il a tué sa mère.

Ah! Ah!... Là, là,... des femmes, vêtues de noir, enlacées de serpents sans nombre... je ne puis plus rester... Non, ce ne sont pas de vains fantômes qui font ici mon tourment. Ah! il n'est que trop clair: les voilà, les chiennes irritées de ma mère! Sire Apollon, les voilà qui fourmillent! De leurs yeux, goutte à goutte, coule un sang répugnant... Vous ne les voyez pas, vous, mais moi, je les vois. Elles me pourchassent, je ne puis plus rester.

Eschyle, *Les Choéphores*, 1048-1062

Dans la pièce d'Eschyle, *Les Euménides*, elles changent de nom et deviennent les Euménides (= les Bienveillantes) pour symboliser la naissance d'une conception plus moderne de la justice, du châtiment et du pardon.

Et aujourd'hui, bien sûr, il y a des furies... Femmes violentes, cruelles ou coléreuses. Mais ceux qui les traitent trop facilement de furies ne sont-ils pas parfois ceux qui ne savent pas comprendre les causes de leur... fureur?! Notons que les furies n'ont pas d'équivalent masculin...

G

LA GARDE PRÉTORIENNE

Elle fut organisée par Auguste en 2 avant J.-C., et comportait neuf cohortes de mille soldats chacune, fantassins et cavaliers. C'étaient des soldats privilégiés et soigneusement triés parmi les meilleurs. Ils formaient la garde de l'empereur.

On parle donc de garde prétorienne pour désigner un corps de soldats disposés à servir les volontés d'un despote.

Balzac, dans *La Paix du ménage*, écrivait avec mépris :

Ces grands bals étaient toujours des occasions saisies par de riches familles pour y produire leurs héritiers aux yeux des prétoriens de Napoléon.

UN GRAND MAMAMOUCHI

C'est une façon désinvolte et ostensiblement méprisante de désigner quelqu'un qui a un titre important, mais qu'on a oublié, ou qu'on affecte d'oublier. Car un «grand mamamouchi», c'est bien vague, et le protocole ne souffre guère ces incertitudes.

C'est aussi une expression érudite, car on ne l'emploie pas sans songer au *Bourgeois Gentilhomme* de Molière. Monsieur Jourdain cherche à faire oublier ses origines bourgeoises et «se mêle de hanter la noblesse.» Pour gendre, il veut un gentilhomme et refuse Cléonte qui aime sa fille, mais qui ne la fera jamais marquise. Le valet de Cléonte invente un stratagème : il fait passer son maître pour le fils du Grand Turc et déclare à Monsieur Jourdain l'amour du prétendu fils du Grand Turc pour sa fille. Il promeut Monsieur Jourdain au rang de Grand Mamamouchi... *qui est une certaine grande dignité de (ce) pays...* Madame Jourdain surgit au milieu de la cérémonie (V, 1) :

MADAME JOURDAIN
Ah ! Mon Dieu ! Miséricorde ! Qu'est-ce donc que cela ? Quelle figure ! Est-ce un Momon[1] que vous allez porter ? et est-il temps d'aller en masque ? Parlez donc, qu'est-ce donc que ceci ? Qui vous a fagoté comme cela ?

MONSIEUR JOURDAIN
Voyez l'impertinente, de parler de la sorte à un Mamamouchi !

MADAME JOURDAIN
Comment donc ?

MONSIEUR JOURDAIN
Oui, il me faut porter du respect maintenant, et l'on vient de me faire Mamamouchi.

MADAME JOURDAIN
Que voulez-vous dire avec votre Mamamouchi ?

MONSIEUR JOURDAIN
Mamamouchi, vous dis-je. Je suis Mamamouchi.

MADAME JOURDAIN
Quelle bête est-ce là ?

MONSIEUR JOURDAIN
Mamamouchi, c'est-à-dire, en notre langue, Paladin.

MADAME JOURDAIN
Baladin ? Êtes-vous en âge de danser des ballets ?

MONSIEUR JOURDAIN
Quelle ignorante ! Je dis Paladin : c'est une dignité dont on vient de me faire la cérémonie.

On comprend aisément l'impertinence qu'il y a à appeler quelqu'un du nom d'une distinction imaginaire, inventée, qui plus est, pour satisfaire au «snobisme» de Monsieur Jourdain.

---

1. *Momon* : enjeu que risquaient aux dés les «masques» (les personnes masquées) du carnaval.

H

UNE HARPIE
Le mot a pour nous à peu près le même sens que: «furie». C'est une femme acariâtre et méchante et, qui plus est, rapace!
Les Harpyes (ainsi s'écrivait leur nom en grec) étaient des divinités funèbres: elles étaient messagères des Enfers. C'étaient des femmes ailées, à longs cheveux et pourvues de serres crochues, ou bien de cruels oiseaux à têtes de femmes. Elles étaient ravisseuses d'âmes et d'enfants. Pour certains Anciens, elles personnifiaient les vents: Aellô était la bourrasque, Okupetê celle qui vole vite, et Kelanô l'obscure.

HONNI SOIT QUI MAL Y PENSE
C'est la devise de l'ordre de la Jarretière, fondé par le roi Édouard III d'Angleterre, vers 1346. Cet ordre, ainsi que sa devise, auraient pour origine l'épisode suivant: le roi venait de ramasser une jarretière que la comtesse de Salisbury avait laissé tomber en dansant. Il remarqua que l'on souriait de sa galanterie et il s'écria: «Honni soit qui mal y pense!» En souvenir de cet incident, il créa l'ordre de la Jarretière qui comprenait le roi, le prince de Galles ainsi que douze compagnons.

LA HUITIÈME MERVEILLE DU MONDE
C'est celle dont on parle le plus. Pour la jeune mère, c'est son nourrisson; pour l'enfant c'est le jouet dont il rêve; pour le voyageur, c'est la terre inconnue... chacun a la

sienne, et pour cause ! La huitième merveille du monde n'existe pas, même si elle a supplanté les sept premières, qu'avaient répertoriées les Anciens. De nos jours, rares sont ceux qui peuvent en nommer plus de trois ou quatre. Il est vrai que, sur les sept, seules les Pyramides subsistent.

Les Pyramides d'Égypte servaient de tombeaux aux Pharaons. Elles ont été élevées vers le xxve siècle avant J.-C. Leur construction coûta la vie à des milliers d'hommes qui s'épuisèrent à transporter les énormes blocs de pierre. Il fallut 2 300 000 de ces blocs pour édifier la pyramide de Chéops, qui est la plus grande.

Les écrivains anciens font souvent mention des jardins suspendus de Babylone, dont on a récemment retrouvé des vestiges, lors de fouilles archéologiques. Ils étaient étagés en terrasses, situés dans la citadelle même de Babylone, au sommet d'une construction sur voûtes et irrigués par des machines hydrauliques, qui puisaient l'eau bien plus bas dans le fleuve. Ces jardins luxuriants, souvent appelés jardins de Sémiramis, du nom d'une célèbre reine de Babylone, ont probablement été construits, en fait, après son règne. Le roi Nabuchodonosor (605-562) les aurait aménagés pour plaire à son épouse, Amytis.

C'est aussi une histoire d'amour que celle du Mausolée, le tombeau du roi Mausole (377-353 avant J.-C.), élevé par sa sœur-épouse, Artémise II, à Halicarnasse en Asie Mineure, ville dont Mausole avait fait sa capitale. Le tombeau était colossal ; il avait été décoré par les plus célèbres sculpteurs de l'époque. Mais en 334, Halicarnasse fut dévastée par Alexandre le Grand.

À la même époque, Rhodes se soumettait à Alexandre. À la mort du conquérant, en 322, les Rhodiens expulsèrent les garnisons macédoniennes. Plus tard, en 305-304, ils résistèrent au siège de Démétrios Poliorcète. C'est en souvenir de ces deux victoires qu'ils élevèrent près du port la gigantesque statue du dieu Soleil, qu'on appela «le colosse de Rhodes». Elle était en bronze et si belle que lorsqu'un tremblement de terre la renversa en 225 avant J.-C., toutes les cités grecques se cotisèrent pour la faire relever.

Un autre colosse figure parmi les merveilles : le Zeus d'Olympie, sculpté par le célèbre Phidias, vers 435 avant J.-C. C'était un chef-d'œuvre d'or et d'ivoire (c'est ce qu'on appelle une statue chryséléphantine), dont les traits étaient dessinés à la peinture. Transporté par la suite à Constantinople, il fut détruit dans un incendie.

C'est aussi par le feu que fut détruit, en 356 avant J.-C., le temple d'Artémis à Éphèse dont on admirait les proportions parfaites. Éphèse était une ville d'Asie Mineure, au bord de la mer Égée. Crésus l'avait enrichie et avait contribué à la construction du temple (vi-ve siècles avant J.-C.). L'incendiaire, Érostrate, fut condamné au bûcher.

La dernière merveille a disparu, elle aussi, depuis longtemps, mais elle a laissé sa trace dans notre langue : il s'agit du Phare d'Alexandrie, dont le nom vient de Pharos, île proche d'Alexandrie, sur laquelle il était bâti. C'était une tour de marbre blanc, haute de 130 mètres, au sommet de laquelle on entretenait des feux toute la nuit pour guider les vaisseaux. L'île de Pharos était reliée au port d'Alexandrie par une digue longue de plus d'un kilomètre. Le Phare s'écroula en 1303.

C'est le géographe grec Strabon (i^{er} siècle avant J.-C.) qui nous a légué ce recensement des merveilles du monde antique. Il semble qu'il ait existé un petit livre qui les décrivait en détail et peut-être s'en est-il inspiré. Mais ce petit livre est perdu.

I

UNE IDÉE SORTIE TOUT ARMÉE DE LA TÊTE DE QUELQU'UN

C'est une idée toute faite… un argument préparé d'avance et qui tolère mal la réplique. L'expression évoque très précisément la naissance d'Athéna, déesse de la guerre et fille de Zeus. La mère d'Athéna était Métis. Lorsqu'elle fut enceinte, Zeus l'avala car on lui avait prédit que si Métis avait une fille, elle aurait ensuite un fils qui le détrônerait. Quand le temps de la naissance fut venu, Zeus ordonna à Héphaïstos de lui fendre la tête d'un coup de hache. Athéna en sortit tout armée et poussa un cri de guerre dont retentirent le ciel et la terre.

IL NE MANQUE PAS UN BOUTON DE GUÊTRE !

Lorsqu'en 1870, Émile Ollivier, premier ministre de Napoléon III, présenta à l'Assemblée, «d'un cœur léger», le texte de la déclaration de guerre, il eut à répondre aux doutes exprimés par l'opposition quant au degré de préparation de l'armée française. Le Maréchal Lebœuf le soutint en s'écriant: «Nous sommes prêts, archiprêts; quand la guerre devrait durer un an, il ne nous manquera pas un bouton de guêtre!» (juillet 1870). Cette phrase est passée à la postérité, mais la suite de l'histoire – la défaite et la fin du Second Empire – a fait qu'on l'emploie plutôt ironiquement.

Ils sont trop verts

Certain Renard gascon, d'autres disent normand,
Mourant presque de faim, vit au haut d'une treille
Des raisins mûrs apparemment,
Et couverts d'une peau vermeille.
Le galant en eût fait volontiers un repas ;
Mais comme il n'y pouvait atteindre :
« Ils sont trop verts, dit-il, et bons pour des goujats ».
Fit-il pas mieux que de se plaindre ?

La Fontaine, *Fables*, III, 11.

Les mots de ce renard sont devenus très populaires et on les emploie volontiers en se moquant lorsque quelqu'un cache une déception et dénigre, non sans mauvaise foi, ce qu'il souhaitait naguère obtenir.

Une image d'Épinal

À Épinal, dans les Vosges, vivait sous la Révolution Française et la Restauration un imprimeur du nom de Jean-Charles Pellerin. Il devint célèbre en composant et en imprimant des images populaires aux couleurs gaies, qui représentaient des scènes ou des personnages de la vie quotidienne, ou bien encore illustraient des chansons.

Leur nom est devenu le symbole d'une simplicité touchante, voire d'un sentimentalisme un peu trop naïf. On reprochera gentiment à quelqu'un d'avoir de la famille, de l'amour ou même de la guerre, une image d'Épinal.

J

DES JÉRÉMIADES

On parle plus de celles qu'on entend que de celles auxquelles on se livre soi-même, car les «jérémiades» sont des plaintes, des lamentations, toujours importunes. Cette expression est une allusion aux lamentations du prophète Jérémie, qui prédit la ruine de Jérusalem, la captivité à Babylone et déplora les malheurs de sa patrie. Il assista d'ailleurs à la destruction de la Ville Sainte et du Temple en 587 avant J.-C.

Voltaire, dans une épigramme impitoyable contre Lefranc de Pompignan, imagine d'autres causes à la tristesse de Jérémie :

Savez-vous pourquoi Jérémie
À tant pleuré toute sa vie ?
C'est qu'en prophète il prévoyait
Qu'un jour Lefranc le traduirait.

JETER LA PIERRE

Ou le plus souvent, ne pas jeter la pierre, car, si l'on parle de jeter la pierre, c'est pour dire qu'on ne le fera pas ou qu'il ne faut pas le faire. Cette expression vient en effet d'une pratique, la lapidation, que Jésus, sans l'interdire formellement, sut cependant empêcher. Les Pharisiens, cherchant à le mettre en contradiction avec la Loi écrite, lui amenèrent une femme surprise en flagrant délit d'adultère. Ils dirent à Jésus :

Dans la Loi, Moïse nous a prescrit de lapider ces femmes-là. Et toi, qu'en dis-tu? [...] Mais Jésus, se baissant, se mit à écrire avec son doigt sur le sol. Comme ils insistaient, il se redressa et leur dit: Que celui de vous qui est sans péché lui jette la première pierre. Et, se baissant à nouveau, il se remit à écrire sur le sol.
À ces mots, ils se retirèrent un à un, à commencer par les plus vieux; et Jésus resta seul avec la femme, qui était toujours là. Alors, se redressant, il lui dit: Femme, où sont-ils? Personne ne t'a condamnée? – Personne, Seigneur, répondit-elle. – Moi non plus, lui dit Jésus, je ne te condamne pas. Va, désormais ne pèche plus ».

Jean, 8, 5-11.

UN JUDAS

Judas, qui livra Jésus, est resté pour nous le symbole de la trahison. Un Judas, lorsqu'il s'agit d'une personne, est un traître; lorsqu'il s'agit d'une chose, c'est une chose qui trahit: une petite ouverture qu'on pratique dans un plancher, dans un mur ou dans une porte et qui permet de voir sans être vu.

C'est au mont des Oliviers que Jésus fut arrêté, sur l'indication de Judas: Jésus parlait à ses disciples quand il leur dit: « Levez-vous! Allons! Voici, il approche, celui qui me livre. » Et comme il parlait encore, voici (que) Judas, l'un des Douze, vient, et avec lui une foule nombreuse avec des glaives et des bâtons, de la part des grands prêtres et des anciens du peuple. Or, celui qui le livrait leur donna un signe, disant: « Celui que je baiserai, c'est lui; emparez-vous de lui. » Et aussitôt, s'avançant vers Jésus, il dit: « Salut Rabbi », et il lui donna un baiser. Mais Jésus lui dit: « Ami, fais ta besogne. » Alors s'avançant, ils mirent la main sur Jésus et s'emparèrent de lui.

Matthieu, 26, 46-51.

Le **BAISER DE JUDAS** est moins pour nous un acte qu'on commet pour trahir quelqu'un auprès d'un autre, qu'un acte qui est en lui-même une trahison parce qu'il a l'apparence trompeuse de l'amitié ou de l'affection.
Le salaire de la trahison de Judas était trente pièces d'argent que lui avaient versées les grands prêtres.

UN JUGEMENT DE SALOMON

Fils de David et de Bethsabée, Salomon fut roi d'Israël (972-932 avant J.-C.), alors à l'apogée de sa puissance.

La Bible raconte que deux femmes récemment accouchées étaient venues implorer la justice royale: l'un des deux enfants était mort et chacune se prétendait la mère du survivant. Comme aucun accord ne semblait possible, Salomon ordonna que l'on coupe l'enfant en deux, afin que chaque mère en ait une moitié. L'une accepta. Mais l'autre s'écria qu'elle préférait céder l'enfant plutôt que de le voir ainsi massacré. Alors Salomon se tourna vers elle et lui dit: «Prends l'enfant, il est à toi» (Rois, 3, 16-28).
Certes, ce n'est pas sans ruse ni sans brutalité que le roi Salomon arriva à ses fins. Mais c'est surtout la perspicacité et l'intelligence d'un jugement parfaitement équitable qu'on retient dans l'expression: «un jugement de Salomon».

LE JUIF ERRANT

Selon une tradition populaire, c'était un personnage mythique du nom d'Ahasvérus, qui, pour avoir insulté Jésus portant sa croix, aurait été condamné à marcher sans s'arrêter jusqu'à la fin du monde. Dans *Le Juif errant*, d'Eugène Sue, ce personnage reparaît tous les cent ans, pour une rencontre très brève avec sa sœur, condamnée, elle aussi, à errer.
L'expression est très ancienne, et vient évidemment de la situation particulière des Juifs pendant le Moyen Âge. Répandus dans divers pays (c'est ce qu'on appelle la *Diaspora*, la dispersion), toujours considérés comme des étrangers, du fait de leur langue et de leurs coutumes, ils n'avaient généralement pas le droit de posséder de terres. Le Juif est devenu le symbole même de l'errance et du déracinement.

L

LAID COMME LES SEPT PÉCHÉS CAPITAUX

Les «sept péchés capitaux» sont ceux dont proviennent tous les autres; ce sont l'orgueil, l'avarice, la luxure, l'envie, la gourmandise, la colère et la paresse. Il n'était pas rare au Moyen Âge que ces péchés soient représentés sous forme d'affreux monstres, afin de mieux en détourner les fidèles; on parle toujours de la «laideur du péché», et être laid comme les sept péchés capitaux, c'est être, en vérité, bien laid!

LIMOGER

Ce verbe est formé sur le nom de la ville de Limoges. En 1914, cette ville étant loin du front, le général Joffre y affecta, en réserve de commandement, une centaine d'officiers généraux jugés incapables.
Le terme a gardé le sens de «relever un officier de son commandement» ou encore de «priver de son poste un fonctionnaire ou un dignitaire». Il peut signifier «mettre à la retraite»; une retraite anticipée, bien sûr, et pas très flatteuse.

LE LIT DE PROCUSTE

On parle du lit de Procuste à propos de la mutilation d'une œuvre artistique ou littéraire, ou encore d'une question politique qui a été mal ou insuffisamment traitée, et dont on veut ainsi faire entendre que l'essentiel a été laissé de côté… On le dira aussi parfois d'un règlement mesquin ou tyrannique.

L'origine de cette expression, c'est le lit sur lequel le cruel brigand Procuste (en grec *Prokroustês)* forçait les voyageurs tombés entre ses mains à s'allonger. À ceux qui, trop grands, dépassaient du lit, il coupait pieds et jambes ; quant aux petits, il leur étirait les membres pour qu'ils atteignent la taille requise... Thésée le fit prisonnier et lui infligea à son tour le même supplice.

UNE LOI DRACONIENNE

Dracon était un législateur athénien de la fin du VIIe siècle avant J.-C. C'est lui qui donna à Athènes ses premières lois écrites. Elles étaient d'une rigueur si inflexible que les Athéniens les disaient « écrites avec du sang ». En effet, la mort était le châtiment prévu pour toutes les fautes, même minimes. Le but de Dracon était de substituer le pouvoir judiciaire de l'État à la justice coutumière du *genos* ou clan, et de supprimer la vengeance privée. Les lois draconiennes devaient ramener l'ordre dans une cité où régnait l'anarchie et où l'aristocratie était toute puissante. Plus tard, un autre grand législateur, Solon, atténua la rigueur des lois et étendit la législation.

L'adjectif « draconien » est resté dans notre langue le synonyme de « sévère » et même d'« impitoyable ».

LUCULLUS DÎNE CHEZ LUCULLUS

Général romain né vers 109 avant J.-C., homme de guerre remarquable, orateur admiré, administrateur irréprochable, c'est pourtant par son opulence et par le luxe dont il tenait à s'entourer que Lucullus s'est immortalisé ! C'était un homme qui aimait vivre, et bien vivre. Les festins de Lucullus étaient fameux et sont restés légendaires. On raconte qu'il s'étonnait un jour que sa table fût moins garnie qu'à l'ordinaire. Son cuisinier, convoqué, répondit qu'il n'y avait pas d'invités ce jour-là. Et Lucullus de s'indigner : « Ce soir, Lucullus dîne chez Lucullus ! »

M

Un maître Jacques

C'est un homme qui occupe plusieurs emplois en même temps. Dans *L'Avare* de Molière, Maître Jacques est le cocher et le cuisinier d'Harpagon :

HARPAGON • *Ho çà ! Maître Jacques, approchez-vous, je vous ai gardé pour le dernier.*

MAÎTRE JACQUES • *Est-ce à votre cocher, Monsieur, ou bien à votre cuisinier, que vous voulez parler ? Car je suis l'un et l'autre.*

HARPAGON • *C'est à tous les deux.*

MAÎTRE JACQUES • *Mais à qui des deux le premier ?*

HARPAGON • *Au cuisinier.*

MAÎTRE JACQUES • *Attendez donc, s'il vous plaît.*
(Il ôte sa casaque de cocher, et paraît vêtu en cuisinier).

HARPAGON • *Quelle diantre de cérémonie est-ce là ?*

MAÎTRE JACQUES • *Vous n'avez qu'à parler.*

Molière, *L'Avare*, III, I.

Le mal de Naples

Ce sont les Français qui l'appellent ainsi, car ils l'ont initialement contracté pendant les guerres d'Italie. Les Italiens, eux, disent « le mal français » et font remonter son apparition dans leur pays à la même époque. Ce mal venait probablement de terres plus lointaines : rapporté, pense-t-on, des Antilles par les soldats de Christophe Colomb, il s'étendit à toute l'Europe : on le connaît sous le nom moins galant de syphilis.

UNE MANNE CÉLESTE

On appelle ainsi quelque chose qui tombe du ciel, qu'on reçoit alors qu'on ne s'y attendait pas.
C'est au sens propre que, selon la Bible (Exode, 16), la « manne » tomba du ciel. Le quinzième jour du second mois qui suivit leur sortie d'Égypte, les enfants d'Israël atteignirent le désert de Sin, situé entre Elim et le Sinaï. Yahvé entendit le murmure de ceux qui craignaient mourir de faim et dit à Moïse que, le soir même, les enfants d'Israël mangeraient de la viande et qu'au matin, ils se rassasieraient de pain.

De fait, le soir, des cailles montèrent et couvrirent le camp et, le lendemain matin, une couche de rosée recouvrait les entours du camp. Cette couche de rosée évaporée, apparut, sur la surface du désert, quelque chose de menu, de granuleux, de fin comme du givre sur le sol. À cette vue, les enfants d'Israël s'interrogèrent mutuellement : « Qu'est cela ? » car ils ne savaient ce que c'était. Moïse leur dit : « Cela, c'est le pain que Yahvé nous procure comme nourriture [...] » Les enfants d'Isaraël mangèrent de la manne quarante ans durant, jusqu'à leur arrivée en pays habité.

UNE MARIE-MADELEINE

On appelle une Madeleine, ou une Marie-Madeleine, une femme qui se prostituait naguère et qui a cessé de le faire (et l'on sous-entend alors que c'est le repentir qui l'a conduite à changer de vie). Marie la pécheresse habitait la ville de Magdala, d'où vient le nom qu'on lui donne aujourd'hui. Elle avait appris que le Pharisien Simon avait invité Jésus à sa table. Elle vint à cette maison, tenant un vase d'albâtre rempli d'un parfum coûteux.

Se plaçant alors en arrière, tout en pleurs, à ses pieds, elle se mit à lui arroser les pieds de ses larmes ; puis elle essuyait avec ses cheveux, les couvrait de baisers, les oignait de parfum.

Luc, 7, 38.

Simon se dit que Jésus n'était pas un prophète, car il aurait alors reconnu que cette femme était une pécheresse. Jésus lui demanda quel débiteur serait le plus reconnaissant, si on lui faisait grâce de ses dettes : celui qui devait cinq cents deniers ou celui qui devait cinquante deniers. Simon répondit que ce serait le premier ; Jésus l'approuva et lui montra qu'en effet les témoignages d'amour de Marie étaient plus grands que les siens. Il s'adressa alors à Marie et lui dit que ses péchés étaient remis.

Le souvenir des larmes que Marie de Magdala répandit sur les pieds de Jésus s'est conservé dans l'expression **PLEURER COMME UNE MADELEINE**, qui signifie pleurer abondamment.

UNE MESSALINE

Si grandes que soient la débauche, la perversité et la cruauté d'une femme accusée d'être «une Messaline», il est difficile d'imaginer qu'elle égale son modèle ! Messaline (25-48) était l'épouse de l'empereur romain Claude, la mère d'Octavie et de Britannicus. Elle organisait des orgies dont elle n'excluait pas toujours son vieil époux, borné et complaisant. Elle revêtait des parures luxueuses, provocantes et recherchées, et portait des perruques, pour aller se prostituer dans les lupanars sous le nom de Lycisca ; elle n'hésitait pas à faire tuer la plupart des jeunes gens qu'elle avait choisis pour amants.

Mais elle présuma de son pouvoir : la fantaisie lui prit un jour d'épouser un de ses amants, Silius. La cérémonie du mariage, extravagante et lubrique, devait mimer les vendanges, dont Bacchus était le dieu, comme il était celui de la démesure.

Les pressoirs foulaient le raisin, le vin coulait dans les cuves, des femmes vêtues de peaux sautaient autour, imitant les rites et la démence des bacchantes. Elle-même, les cheveux épars, agitant son thyrse, ayant à ses côtés Silius couronné de lierre, s'avançait aux chants d'un chœur lascif... mais de toutes parts arrivent des messagers annonçant que Claude sait tout et qu'il accourt prêt à la vengeance... Alors les centurions surgissent et mettent aux fers tous ceux qu'ils trouvent n'importe où, dans les rues ou dans leurs retraites... Messaline cependant, accompagnée seulement de trois personnes, car le désert s'était fait soudain autour d'elle, traverse toute la ville à pied et, montant sur un de ces chariots qui servent à enlever les ordures des jardins, elle s'engage sur la route d'Ostie, sans que personne lui témoigne sa pitié, si grande était la hideur de ses crimes !

Tacite, *Annales*, XI.

MESSIEURS LES ANGLAIS, TIREZ LES PREMIERS !

Cette exclamation est restée célèbre et on la répète sans toujours bien la comprendre, car elle n'est pas aussi courtoise qu'elle peut sembler à première vue. Le 11 mai 1745, Anglais et Français s'affrontaient sur le champ de bataille de Fontenoy. Le capitaine Charles Hay cria : « Messieurs des gardes françaises, tirez. » Le comte d'Hauteroche répliqua : « Messieurs, nous ne tirons jamais les premiers, tirez vous-mêmes. » Il ne faisait en cela qu'appliquer le règlement de l'infanterie qui interdisait à une troupe de tirer la première à courte distance pour ne pas se trouver désarmée. Il fallait en effet, pour recharger les fusils, un temps assez long que l'ennemi pouvait mettre à profit. À Fontenoy, les Anglais tirèrent donc les premiers... et perdirent la bataille.

METTRE LA POULE AU POT

Et, bien sûr, la manger, car elle fut signe d'aisance, longtemps encore après les célèbres paroles du bon roi Henri IV : « Je veux qu'il n'y ait si pauvre paysan en mon royaume qu'il n'ait tous les dimanches sa poule au pot ».

MONTRER PATTE BLANCHE

Le biquet, soupçonneux, par la fente regarde.
Montrez-moi patte blanche ou je n'ouvrirai point,
S'écria-t-il d'abord (patte blanche est un point
Chez les loups, comme on sait, rarement en usage).

La Fontaine, *Fables*, IV, 15.

L'ironie de cette expression, aujourd'hui, vient de ce que nous prenons le point de vue du loup et que nous trouvons que les biquets d'en face font bien des difficultés pour se laisser approcher. Il ne s'agit d'ailleurs pas toujours de les manger !

Les biquets sont ceux qui exigent recommandations et garanties pour accueillir quelqu'un dans leur cercle ou leur intimité. Et il faut, à tort ou à raison, prouver que l'on n'est pas un loup.

LE MOT DE CAMBRONNE

Cette périphrase pudique permet d'évoquer, tout en l'évitant, le mot que prononça Cambronne. Ce général français (1770-1842) commandait à Waterloo, le 18 juin 1815, un des derniers carrés de la Vieille Garde. Aux Anglais qui le sommaient de se rendre, il aurait répondu : « Merde, la garde meurt mais ne se rend pas ! ».

Il ne mourut pas, mais fut blessé et fait prisonnier. Un conseil de guerre l'acquitta à son retour d'Angleterre et on le chargea du commandement de la place de Lille.

UN MOUTON DE PANURGE

Le propre de ce mouton est de n'être point seul, bien au contraire, il fait toujours partie d'une foule où chacun suit tout le monde. On parle donc, au pluriel, des « moutons de Panurge ».

Tous les bergers savent que pour faire prendre une certaine direction à un troupeau de moutons, il suffit d'en entraîner un, les autres suivront. C'est ce que sait aussi Panurge, célèbre personnage de l'œuvre de Rabelais. Pendant son voyage avec Pantagruel au pays des Lanternes, Panurge se prend de querelle avec un marchand de moutons nommé Dindenault. Pour se venger et jouer un tour de sa façon à celui qui s'est moqué de lui, il lui achète un mouton. Et puis :

Soudain, je ne sais comment, Panurge, sans autre chose dire, jette en pleine mer son mouton criant et bêlant. Tous les autres moutons, criants et bêlants en pareille intonation, commencèrent soi jeter et sauter en mer après, à la file. La foule était à qui premier y sauterait après leur compagnon. Possible n'était les en garder, comme vous savez être du mouton le naturel, toujours suivre le premier, quelque part qu'il aille.
Le marchand, tout effrayé de ce que devant ses yeux périr voyait et noyer ses moutons, s'efforçait les empêcher et retenir de tout son pouvoir, mais c'était en vain. Tous à la file sautaient dedans la mer et périssaient.

Rabelais, *Quart Livre*, VII-VIII.

En désespoir de cause, le marchand attrape un des moutons et s'accroche à lui, espérant sauver ce qui reste de son troupeau. Mais le mouton, grand et fort, entraîne Dindenault avec lui dans la mer où il se noie.

En souvenir de ce récit cruel mais drôle, on appelle «moutons de Panurge» ceux qui s'empressent de faire une chose, si stupide soit-elle, par pur conformisme.

Muet comme un sphinx

Le Sphinx était le monstre à corps de lion et à tête de femme, qui, posté aux abords de Thèbes, tuait les voyageurs incapables de résoudre ses énigmes. Le nom de Sphinx demeure associé à l'idée d'un mystère et, par conséquent, on dit aussi d'une personne qu'elle est «énigmatique comme un sphinx», son silence étant pris comme la manifestation d'une supériorité mystérieuse. L'expression, même quand elle est employée ironiquement, n'a donc pas tout à fait le même sens que cette autre expression plus familière : «muet comme une carpe»!

N

UN NARCISSE

Faut-il s'étonner que le plus célèbre symbole de la coquetterie, de la vanité et de l'égoïsme soit masculin... Narcisse était un jeune Béotien d'une beauté extraordinaire qui passait sa vie à se mirer dans les eaux d'une fontaine. La tradition nous a si bien légué cette image que nous appelons «un narcisse» celui qui n'aime que soi. Pourtant, Narcisse était l'objet des tendres pensées de la nymphe Écho, mais il lui montrait tant d'indifférence qu'elle mourut de désespoir. La déesse de la vengeance, Némésis, courroucée par cet excès d'égocentrisme, fit mourir Narcisse à son tour, de langueur et de désir pour lui-même, au bord de la fontaine où il se plaisait. On dit qu'à cet endroit naquit la fleur qui porte son nom.

NE PAS SE MOUCHER DU PIED

C'est un homme qui ne se mouche pas du pied. Ni de la manche, ni du coude, comme le faisaient, dit-on, les paysans. En d'autres termes, ce n'est pas n'importe qui. Il possède un mouchoir. Un mouchoir fin, un mouchoir brodé. L'expression est ironique, car nous n'aimons guère les gens qui ont trop haute opinion d'eux-mêmes. Se moucher du pied évoque une curieuse gymnastique, celle des saltimbanques, dont c'était un des tours préférés : tout en faisant un grand bond, ils se passaient le pied sous le nez. Celui qui ne se mouche pas du pied n'est donc pas un saltimbanque, personnage placé bien bas dans l'échelle sociale, c'est au contraire quelqu'un d'une certaine importance ou qui se donne pour tel. L'expression, dans ce sens-là, date du XVIIe siècle. C'est ainsi que l'emploie Molière :

> Certes, Monsieur Tartuffe, à bien prendre la chose,
> N'est pas un homme, non, qui se mouche du pié
> Et ce n'est pas peu d'heur que d'être sa moitié.
>
> Molière, *Tartuffe*, II, 3.

LE NEZ DE CLÉOPÂTRE

Cléopâtre (69-30 avant J.-C.) fut reine d'Égypte, malgré les efforts de son frère Ptolémée-Dionysos qui voulait l'écarter du trône, et grâce à César, qu'elle avait séduit et qui la rétablit dans ses droits. Reine dont on dit qu'elle fut populaire parce qu'elle parlait la langue des Égyptiens contrairement à ses ancêtres, et qu'elle partageait certaines de leurs croyances, elle est restée célèbre pour son esprit et sa beauté. Après César, elle captiva Antoine, puis l'abandonna lors de sa défaite à Actium en 31. Elle échoua alors dans son entreprise de séduire le vainqueur, Octave, et se tua en se faisant mordre par un aspic.

Mais de son nez, nous ne savons rien... sinon qu'il est devenu, par l'intermédiaire d'une pensée du philosophe et mathématicien Blaise Pascal (1623-1662), le symbole des petites causes qui ont de grands effets : *Le nez de Cléopâtre : s'il eût été plus court, toute la face de la terre aurait changé* (*Pensées*, II, 162).

NO MAN'S LAND

Cette expression, qui date de la Première Guerre mondiale, signifie, littéralement, « la terre d'aucun homme », et désignait la zone comprise entre les premières lignes des deux armées ennemies. Il n'y circulait que des patrouilles. Le terme désigne maintenant le territoire qui sépare deux frontières nationales. On l'utilise aussi parfois au figuré pour parler d'un terrain de discussion où l'on n'ose s'aventurer, parce qu'il y pèse une interdiction.

Nourri dans le sérail

C'est une expression d'un usage peu fréquent que l'on emploie pour dire qu'une personne est initiée, qu'elle est au courant, qu'elle n'ignore rien d'un certain lieu ou milieu, d'un parti politique ou d'une institution. L'expression elle-même est une expression pour initiés, puisqu'enfin c'est une citation du *Bajazet* de Racine et qu'elle ne peut avoir de sens que si l'on connaît la suite du vers. Le grand vizir Acomat explique à son ami Osmin que le sérail, c'est-à-dire le palais du sultan de Turquie, n'a aucun secret pour lui. Il dit tout simplement :

Nourri dans le sérail, j'en connais les détours.

Racine, *Bajazet*, IV, 7.

Une nuit du 4 août

On parle d'une nuit du 4 août quand un groupe ou une institution qui détient certains privilèges y renonce, plus ou moins spontanément.

Cette expression trouve son origine dans l'histoire de la Révolution française. Quelques semaines après la prise de la Bastille, l'Assemblée Nationale Constituante (formée le 9 juillet 1789 et comprenant des représentants de la Noblesse, du Clergé et du Tiers État), au cours d'une séance qui dura presque toute la nuit, décréta l'abolition des privilèges. Ce fut la nuit du 4 août 1789. La féodalité était anéantie, on abolissait le servage, les privilèges de la Noblesse et du Clergé ; on établissait l'égalité devant l'impôt, l'admission de tous les citoyens aux emplois publics, la gratuité de la justice. On supprimait la vénalité des charges.

Un des députés, Le Guen de Kergalé, s'immortalisa cette nuit-là par un fougueux discours : «... Qu'on nous apporte ces titres qui humilient l'espèce humaine en exigeant que les hommes soient attelés à une charrette, comme des animaux du labourage ; qu'on nous apporte ces titres qui obligent les hommes à passer les nuits à battre les étangs pour empêcher les grenouilles de troubler le sommeil de leurs voluptueux seigneurs... Qui de nous, Messieurs, dans ce siècle de lumières, ne ferait pas un bûcher expiatoire de ces infâmes parchemins et ne porterait pas le flambeau pour en faire le sacrifice sur l'autel du bien public?... »

On dit que le lendemain de cette fameuse nuit, certains privilégiés, dégrisés, auraient voulu revenir sur certains articles...

NUL N'EST PROPHÈTE EN SON PAYS

Ces mots, qui sont trop souvent de résignation, ont valeur de proverbe et signifient que la qualité, la force et les talents de quelqu'un ne sont jamais reconnus par les siens. C'est Jésus qui prononça les paroles d'où nous vient cette formule, à Nazareth où il avait passé son enfance et où il était revenu enseigner dans la synagogue. Les gens de Nazareth étaient frappés et disaient :

D'où lui viennent cette sagesse et ces miracles? N'est-ce pas là le fils du charpentier? N'a-t-il pas pour mère la nommée Marie, et pour frères Jacques, Joseph, Simon et Jude? Et ses sœurs ne sont-elles pas toutes parmi nous? D'où lui vient donc tout cela? Et ils étaient choqués à son sujet. Mais Jésus leur dit: Un prophète n'est méprisé que dans sa patrie et sa maison. Et il ne fit pas là beaucoup de miracles, à cause de leur manque de foi.

Matthieu, 13, 54-58.

O

UNE ODYSSÉE

C'est un long voyage, semé d'aventures et de dangers. Peu d'odyssées égalent celle d'Ulysse (dont le nom grec est *Odysseus)* pour rentrer chez lui à Ithaque, une fois finie la guerre de Troie. *L'Odyssée* d'Homère est le récit des pérégrinations du rusé Ulysse qui, pendant dix ans, parcourut la Méditerranée, en surmontant les plus grands périls.

L'ŒIL DU MAÎTRE

C'est l'œil auquel rien n'échappe, car le maître voit tout, du moins dans la fable de La Fontaine qui porte ce titre. Un cerf a trouvé refuge dans une étable.

Les Bœufs, à toutes fins, promirent le secret.
Il se cache en un coin, respire et prend courage.

Le soir arriva, les valets firent cent tours dans l'étable, et même l'intendant, mais aucun ne s'aperçut de la présence insolite. Le cerf attend le moment propice pour rejoindre ses forêts.

L'un des bœufs ruminant lui dit: « Cela va bien;
Mais quoi? l'homme aux cent yeux n'a pas fait sa revue.
Je crains fort pour toi sa venue;
Jusque là, pauvre Cerf, ne te vante de rien. »
Là-dessus, le Maître entre et vient faire sa ronde [...]
En regardant à tout, il voit une autre tête
Que celles qu'il voyait d'ordinaire en ce lieu.

Les larmes du Cerf n'y feront rien, chacun ira de son coup d'épieu. On tue la pauvre bête.

On l'emporte, on la sale, on en fait maint repas. [...]

Et le fabuliste de conclure :

Il n'est pour voir que l'œil du Maître.
Quant à moi, j'y mettrais encor l'œil de l'amant.
La Fontaine, *Fables*, IV, 21.

... mais l'œil de l'amant n'est pas passé au rang d'expression...

L'ŒUF DE COLOMB

Christophe Colomb avait découvert l'Amérique (1492) ; il fut un héros. Mais cela ne dura pas. En effet, comme il est fréquent, l'admiration qu'on avait pour lui se transforma en envie. On chercha à affaiblir son mérite : il n'avait aucun génie, simplement de la patience, c'était à la portée du premier venu, il suffisait d'y penser... Un jour que l'on tenait des propos de cette espèce devant lui, à la table d'un Grand d'Espagne, Colomb demanda qu'on lui apporte un œuf. Il le tendit à ses voisins en leur demandant s'ils étaient capables de le faire tenir en équilibre sur un de ses bouts ; l'œuf fit le tour de la table, mais personne ne put le faire tenir. Alors Colomb reprit l'œuf, en écrasa légèrement un bout, le posa droit sur la table et dit : « C'est bien facile, en effet, mais il fallait y penser. »

« L'œuf de Colomb » symbolise donc la solution astucieuse qui, après coup, semble bien facile et même évidente, mais à laquelle on n'avait pas pensé.

ON NE PEUT CONTENTER TOUT LE MONDE ET SON PÈRE

C'est-à-dire : on ne peut pas faire plaisir à tout le monde à la fois. On dit parfois aussi : « C'est le Meunier, son fils et l'âne ».

Un meunier et son fils qui partaient vendre leur âne, commencent par le porter pour qu'il ait meilleure mine à la foire :

Le premier qui les vit de rire s'éclata.

Voyant ça, le meunier détache l'âne, y fait monter son fils. Mais trois bons marchands qui passaient d'aventure s'indignent. Le meunier les contente et monte à la place de l'enfant. Trois filles les croisent alors et se moquent du vieux nigaud qui maltraite ainsi son fils. Le meunier les écoute, prend le garçon en croupe. Les suivants lui reprochent de faire mourir sa bête: ils descendent tous deux.

L'âne, se prélassant, marche seul devant eux.
Un quidam les rencontre, et dit: Est-ce la mode
Que Baudet aille à l'aise, et Meunier s'incommode?

On s'en doute, la morale de l'histoire est qu'il n'en faut faire qu'à sa tête: qu'on fasse une chose ou son contraire, les gens trouveront toujours à redire. Rien ne plaît à tout le monde, ou, comme dit La Fontaine,

... est bien fou du cerveau
Qui prétend contenter tout le monde et son père.
La Fontaine, *Fables*, III, I.

UN OURS MAL LÉCHÉ

S'il ne s'agit de l'animal, un ours est quelqu'un d'assez sauvage et qui fuit le monde. Ainsi, Voltaire écrit à Madame du Deffand:

Qui? moi, Madame... Que je n'aie pas obéi aux ordres de celle qui m'honore depuis si longtemps de son amitié... Tout ours que je suis, soyez persuadée que je suis un très-honnête ours.

Mais tous les ours ne sont pas si courtois ni si mondains et on qualifie volontiers les autres, d'apparence plus grossière, de mal léchés.

Son menton nourrissait une barbe touffue,
Toute sa personne velue
Représentait un ours, mais un ours mal léché.
La Fontaine, *Fables*, XI, 7.

L'«ours mal léché» de cette fable c'est le «Paysan du Danube», autre expression que notre langue a retenue pour désigner un homme d'apparence brutale et mal dégrossie, quelles que soient par ailleurs ses qualités morales...

Il faut pourtant revenir à l'animal pour comprendre l'origine de notre expression. Elle vient d'une croyance étrange, et bien sûr fausse, selon laquelle la mère ours, à force de lécher son petit, en façonnait les membres. Cette opération devait être longue et peut-être certaines mères ourses se fatiguaient-elles... La Fontaine parle ailleurs de certain ours montagnard, ours à demi léché...

Fables, VIII, 10.

OÙ SONT LES NEIGES D'ANTAN ?

Question nostalgique qui fait songer à la fuite irréversible du temps et à laquelle on n'attend pas de réponse. Car, dans un poème de François Villon, les « neiges d'antan[1] » symbolisent les femmes disparues, les *Dames du temps jadis* :

Dites-moi où, n'en quel pays
Est Flora la belle Rommaine,
Archipiades, ne Thaïs
Qui fut sa cousine germaine,
Echo, parlant quand bruyt on maine
Dessus rivière ou sus estan,
Qui beaulté ot trop plus qu'humaine ?
Mais où sont les neiges d'antan ?
Où est la très sage Helloïs
Pour qui chastré fut et puis moyne
Pierre Esbaillart à Saint Denis ?
Pour son amour eut cette essoyne
Semblablement où est la Royne
Qui commanda que Buridan
Fut jeté en un sac en Seine ?
Mais où sont les neiges d'antan ?
Prince, n'enquérez de sepmaine
Où elles sont, ne de cest an,
Qu'à ce refrain ne vous remaine :
Mais où sont les neiges d'antan ?

L'OUVRIER DE LA ONZIÈME HEURE

On croit souvent que c'est celui qui arrive au dernier moment, trop tard pour contribuer à une entreprise. Or le sens de la parabole évangélique d'où vient cette expression est tout autre. Jésus compara devant ses disciples le Royaume des cieux à un homme qui embauche à plusieurs reprises dans la même journée des ouvriers pour travailler

---

1. *Antan*, du latin *anteannum*, l'année d'avant.

à sa vigne et qui promet aux premiers, à ceux du petit matin, un denier, et aux suivants, un salaire égal. À l'heure de la rétribution, il fait d'abord venir les derniers arrivés, leur donne un denier, et fait de même avec les autres. Ceux-ci se plaignent et murmurent.
Le maître de la vigne répond :

« Mon ami, je ne te lèse en rien. N'est-ce pas que nous sommes convenus d'un denier ? Prends ce qui te revient et va-t-en. Il me plaît de donner à celui-ci autant qu'à toi. N'ai-je pas le droit de disposer de mes biens comme il me plaît ? ou faut-il que tu sois jaloux parce que je suis bon ? » Voilà comment les derniers seront les premiers et les premiers seront derniers.

Matthieu, 20, 1-16.

Sans doute sommes-nous semblables aux ouvriers du matin, puisque c'est à contre sens du texte évangélique que nous employons l'expression « ouvrier de la onzième heure ». Jésus voulait dire qu'il n'est jamais trop tard pour venir à lui, qu'aucun ordre de préséance n'existerait à ses yeux, que beaucoup de derniers seraient premiers et de premiers derniers.

P

LA PAILLE ET LA POUTRE

Qu'as-tu à regarder la paille qui est dans l'œil de ton frère ? Et la poutre qui est dans ton œil à toi tu ne la remarques pas ! Comment peux-tu dire à ton frère : Mon frère, attends, que j'enlève la paille qui est dans ton œil, toi qui ne vois pas la poutre qui est dans le tien ? Hypocrite, enlève d'abord la poutre de ton œil ; et alors tu verras clair pour enlever la paille qui est dans l'œil de ton frère.

Luc, 6, 41-42

En d'autres termes, nous sommes mille fois plus offusqués des défauts d'autrui que de ceux qu'on pourrait, à juste titre, nous reprocher.

UNE PANACÉE UNIVERSELLE

On pourrait dire tout simplement une «panacée», car en grec *pan*, signifie tout, et *akos*, remède. Mais le langage commun préfère le pléonasme et l'on parle plus volontiers de «panacée universelle». Ce serait donc un remède qui guérirait tous les maux : on comprend qu'on n'emploie guère cette expression, pourtant très courante, que pour dire qu'il n'existe pas !... à moins que ce ne soit pour se moquer d'un remède de bonne femme censé soigner n'importe quelle maladie... à moins qu'on n'emploie ces mots en un sens figuré : l'amour, en ses débuts, n'est-il pas guérisseur de tous les maux ?

Panacée était une déesse grecque, qui savait soigner toutes les maladies. Aujourd'hui encore, le serment d'Hippocrate que doivent prononcer tous les médecins, commence par ces mots : « Je jure par Apollon, médecin, par Esculape, par Hygie et Panacée... »

UNE PANTALONNADE

C'est une bouffonnerie semblable à celles auxquelles se livre Pantalon, personnage de la comédie italienne. Pantalon est un vieillard qui tousse et qui crache, qui se montre à la fois libidineux et avare, prend toutes sortes de postures ridicules et sert de victime à Scapin et à Arlequin. Il se distingue par son costume à la vénitienne, c'est-à-dire une espèce de long caleçon très surprenant au XVIIe siècle où le costume masculin se composait de chausses courtes et moulantes se terminant sur des bas. Ces chausses toutes d'une pièce que portait le vieux Pantalon ont donné leur nom à notre pantalon.
De nos jours, on parle encore d'une « pantalonnade » pour désigner une farce bouffonne ou bien une manifestation excessive et grotesque de sentiments.

UN PARIA

C'est plus qu'un marginal, c'est un homme rejeté, exclu, méprisé. C'était le cas des parias hindous. Le mot, qui fit son apparition en 1693, vient du tamoul *parayan*, joueur de tambour. Ces musiciens étaient considérés comme impurs parce qu'ils jouaient dans les cortèges funèbres. Aux Indes, le terme s'appliquait aux individus hors caste, ceux qui étaient au plus bas degré de l'échelle sociale. On les appelait aussi les Intouchables. Ils étaient privés de tous droits religieux et sociaux. Cette classe fut abolie en 1947.

PARIS VAUT BIEN UNE MESSE

Le mot est attribué à Henri IV. Il aurait prononcé ces paroles le 25 juillet 1593, jour où il abjura solennellement le calvinisme en la basilique de Saint-Denis. Par ailleurs, *Les Caquets de l'Accouchée* (1622) placent le mot dans la bouche de Sully, non du roi.

«Pourquoi n'allez-vous pas à la messe aussi bien que moi?» dit Henri IV à Sully, et le ministre répond: «Sire, la couronne vaut bien une messe.»
Que le mot nous vienne du bon roi Henri ou de son ministre n'a pas grande importance. On le répète parfois aujourd'hui pour dire qu'une chose que l'on désire vaut bien que l'on accepte un compromis.

DES PAROLES SIBYLLINES

Ce sont des paroles à coup sûr importantes mais obscures, ou plus précisément énigmatiques; elles ne sont pas insensées mais on n'en voit pas le sens.
Les sibylles étaient en Grèce des prêtresses qui faisaient connaître, pensait-on, les oracles d'Apollon, à condition qu'on sache interpréter leurs dires. Une prophétesse, appelée Sibylle, aurait donné son nom à toutes les autres.

LES PARQUES

Elles étaient trois fileuses, qui travaillaient jour et nuit. On les a représentées parfois comme d'affreuses vieilles, ailleurs elles sont belles et implacables. Leur nom venait du verbe latin *parcere*, qui signifie épargner. Ce nom était ironique car elles n'épargnaient jamais personne: ce qu'elles filaient ainsi sans trêve, c'était le fil de la vie humaine! Clotho tenait la quenouille, Lachésis le fuseau et la dernière, Atropos, donnait le coup de ciseau final... Par une extension facile à comprendre, la Parque signifie: la Destinée.

PASSER SOUS LES FOURCHES CAUDINES

C'est être humilié, c'est subir une défaite mortifiante. Les Fourches Caudines étaient une gorge par laquelle on devait passer pour se rendre de Campanie au Samnium. C'est là qu'un général samnien enferma l'armée romaine qui fut obligée de se rendre sans même avoir livré bataille (312 avant J.-C.). Les Romains durent passer sous le joug de la défaite: rituel ordinaire, mais c'étaient généralement les Romains qui y astreignaient les autres. Cette humiliation, unique pour un peuple qui avait l'habitude d'être vainqueur, lui laissa un souvenir cuisant.

L'expression a pris, en français, un sens métaphorique. C'est ainsi que l'employa Jules Favre dans un discours à la Chambre: «... Le pays ne sera vraiment libre que si la presse est libre; si vous faites passer celle-ci sous les fourches caudines, son opinion s'abaissera et l'opinion du pays s'abaissera en même temps.»

PASSONS AU DÉLUGE

C'est une façon un peu longue de dire «Bref!» à quelqu'un qui s'étend trop longuement sur un sujet avant d'arriver à l'essentiel. Cette expression nous vient de la comédie de Racine, *Les Plaideurs* (III, 3), où Dandin, le juge, presse l'Intimé, l'avocat, de conclure. Mais l'Intimé va remonter à l'état du monde avant sa création:

DANDIN
Reposez-vous,
Et concluez.

L'INTIMÉ (d'un ton pesant)
Puis donc qu'on nous permet de prendre
Haleine, et que l'on nous défend de nous étendre,
Je vais sans rien omettre, et sans prévariquer,
Compendieusement énoncer, expliquer,
Exposer à vos yeux l'idée universelle
De ma cause et des faits renfermés en icelle.

DANDIN
Il aurait plus tôt fait de dire tout vingt fois
Que de l'abréger une. Homme, ou qui que tu sois,
Diable, conclus; ou bien que le ciel te confonde.

L'INTIMÉ
Je finis.

DANDIN
Ah!

L'INTIMÉ
Avant la naissance du monde...

DANDIN (bâillant)
Avocat, ah! passons au déluge!

PAUVRE COMME JOB

Job était riche. *Il possédait sept mille brebis, trois mille chameaux, cinq cents paires de bœufs et cinq cents ânesses, sans parler de très nombreux serviteurs*

Dieu avait remarqué cet homme intègre et religieux. Mais, Satan, persuadé que dans l'infortune, l'homme le plus juste est capable de maudire Dieu, demanda à Yahvé de priver Job de sa fortune. En un jour, Job perdit tous ses biens, ainsi que ses dix enfants, sept fils et trois filles. Mais il continua de bénir le nom de Yahvé.

Alors Satan dit à Dieu : *Étends la main, touche à ses os et à sa chair et je te jure qu'il te maudira en face.* Job fut atteint *d'un ulcère malin, depuis la plante des pieds jusqu'au sommet de la tête. Il prit un tesson pour se gratter, et il s'installa parmi les cendres.* Et sa femme le poussait à maudire Dieu. Mais Job tenait bon.

C'est cette image du malheureux Job qu'on a gardée dans l'expression «pauvre comme Job». C'est oublier que les choses finirent par s'arranger pour lui, et même bien ! Trois de ses amis vinrent auprès de lui et, pendant sept jours et sept nuits, ils tentèrent de le convaincre que ses souffrances étaient nécessairement un châtiment. Mais Job protestait de son innocence et de sa foi.

L'Éternel lui fit reproche de sa présomption et Job s'inclina et se repentit. Alors l'Éternel le bénit à nouveau. Job retrouva des richesses plus considérables encore que celles qu'il avait perdues : *il posséda quatorze mille brebis, six mille chameaux, mille paires de bœufs et mille ânesses.* Il eut de nouveau sept fils et trois filles. Le récit de la vie de Job est fait dans le Livre de Job, l'un des cinq livres de Sagesse de l'Ancien Testament.

LE PAVÉ DE L'OURS

Certain ours montagnard, ours à demi léché, et certain vieillard amateur de jardins, s'ennuyant à force de solitude, partirent chacun chercher compagnie et se rencontrèrent. Ils devinrent amis et restèrent ensemble. L'homme vaquait à son ouvrage, l'ours apportait du gibier, et faisait son principal métier, qui était d'écarter les mouches du visage de son ami quand il dormait.

Un jour que le vieillard dormait d'un profond somme,
Sur le bout de son nez une (mouche) allant se placer
Mit l'ours au désespoir, il eut beau la chasser.
« Je t'attraperai bien, dit-il. Et voici comme. »
Aussitôt fait que dit ; le fidèle émoucheur
Vous empoigne un pavé, le lance avec roideur,
Casse la tête à l'homme en écrasant la mouche,
Et non moins bon archer que mauvais raisonneur:
Roide mort étendu sur la place il le couche.

La Fontaine, *Fables*, VIII, 10.

C'est depuis cette fable qu'on appelle « pavé » un événement fâcheux. En l'occurrence, c'est le moins qu'on puisse dire ! On parle aussi du « pavé de l'ours » pour évoquer une maladresse, souvent guidée par les meilleures intentions, ou encore, par extension, un compliment ou un éloge maladroit, qui nuit plus qu'il n'oblige.

PAYER EN MONNAIE DE SINGE

Lorsqu'au Moyen Âge les bateleurs se présentaient à l'entré d'une ville, plutôt que de payer l'octroi, ils faisaient faire un tour à leurs singes. « Se li singe est au joueur, jouer en doit devant le péagier, et par son jeu doit estre quites » lit-on dans le *Livre des métiers* qu'Étienne Boileau rédigea au XIIIe siècle. Les péagiers appréciaient-ils ? Toujours est-il que l'expression « payer quelqu'un en monnaie de singe » signifie s'en moquer, le leurrer de belles paroles et de grimaces au lieu de lui donner son dû. La monnaie de singe est bien une fausse monnaie !

LE PAYS DE COCAGNE

C'est un pays imaginaire où l'on a de tout en abondance. Il semble que le mot « cocagne » se rattache à toute une famille de termes dont la racine signifie : cuisine. Certains voient l'origine précise du mot dans l'italien *cuccagna*. On raconte que dans les fêtes et réjouissances publiques à Naples, on fabriquait un volcan qui lançait des quantités de choses bonnes à manger.

LA PERFIDE ALBION

«Albion», qui vient du latin *albus*, blanc, est le nom donné à l'Angleterre à cause de la blancheur de ses falaises et de ses rochers. L'expression apparaît pour la première fois dans le Sermon de Bossuet *Sur la circoncision*, dans lequel, évoquant la progression de l'évangélisation au Ier siècle après J.-C., l'Aigle de Meaux s'écrie:

> L'Angleterre, ah! la perfide Angleterre que le rempart de ses mers rendait inaccessible, la foi du Sauveur y est abordée...

La Révolution reprendra l'expression en la transformant en «perfide Albion», forme sous laquelle elle nous est parvenue. On s'accordait en France à qualifier l'Angleterre de «perfide» en alléguant la mauvaise foi montrée en quelques occasions par le gouvernement anglais. L'expression est restée et on l'emploie encore parfois en souriant, tant il est vrai que les vieilles rancunes sont longues à se dissiper.

LES PETITES FILLES MODÈLES

Ce sont des petites filles sages, bien coiffées, joliment habillées. L'expression n'est pas péjorative, et pourtant les deux petites filles du roman de la Comtesse de Ségur, Camille et Madeleine de Fleurville, qui lui ont inspiré ce titre devenu célèbre, ne sont guère des modèles pour nous. Elles sont douces et bonnes, certes, mais un peu maniérées pour notre goût et nous avons tendance à trouver plus vivante et plus sympathique l'insupportable Sophie.

UNE PÉTROLEUSE

C'est une femme, bien sûr, le terme n'a pas d'équivalent masculin; une femme que l'on qualifie de forte et d'indépendante, un peu audacieuse, parfois militante; une femme qui bouscule courageusement les idées reçues; ou bien, si l'on prend le terme en mauvaise part, cas le plus fréquent, c'est le négatif de la même image: une furie vindicative dont la révolte ne connaît ni décence ni retenue d'aucune sorte, une «révolutionnaire», une créature qui fait peur. En tous les cas, pas une «vraie femme»...

Littré donne la définition suivante de ce mot: «Personne qui incendie au pétrole. Ne se dit guère qu'au féminin». Et Mauriac écrit dans *Le Sagouin*:

> Il savait ce qu'était une pétroleuse, il avait vu cent fois cette image du Monde illustré de 1871 où deux femmes accroupies, la nuit, près d'un soupirail, allument une espèce de feu. Des mèches dépassent de leur bonnet de femme du peuple.

On ne peut faire une meilleure description. Les «pétroleuses» furent tout d'abord les femmes que l'on accusa, après que la Commune de Paris fut écrasée, d'avoir mis le feu à des immeubles pour retarder l'entrée des troupes versaillaises dans Paris. Le terme s'étendit, dans les procès qui suivirent la défaite des Communards, à toutes les femmes qu'on soupçonnait d'avoir participé à la Commune et en qui l'on s'ingénia souvent à voir des diablesses hystériques et déchaînées, des sorcières.

UNE PHILIPPIQUE

C'est un discours violemment satirique, généralement prononcé par un homme politique contre son adversaire, ou contre un pays dont il trouve qu'on ne se méfie pas assez. Les *Philippiques* de Démosthène sont considérées comme l'un des chefs d'œuvre de l'éloquence. La première fut prononcée en 351 avant J.-C. Il s'agissait de réveiller les Athéniens, de leur faire prendre conscience de l'hypocrisie de Philippe de Macédoine et de les amener à lutter contre lui.

> Allez-vous donc toujours tourner autour les uns des autres sur la place publique, vous questionnant, vous demandant «Eh bien! Qu'y a-t-il de nouveau?» Et que peut-il y avoir de plus nouveau que de voir un Macédonien lutter contre Athènes et être maître de la Grèce?...

Les autres *Philippiques* furent prononcées en 344 et 341 avant J.-C. Démosthène fut enfin écouté. Athènes consentit à un effort militaire exceptionnel et déclara même la guerre à Philippe. Mais il était trop tard. Philippe avait transformé son modeste royaume en une puissance invincible. Les Athéniens l'apprirent à leurs dépens à Chéronée, en 338.

Une politique de Gribouille

Qui ne se rappelle, de ses lectures d'enfance, le pauvre Gribouille, jeune garçon faible d'esprit, émouvant et toujours dupé, que la Comtesse de Ségur (1799-1874) nous peint dans un de ses livres : *La Sœur de Gribouille*. L'aventure la plus célèbre de Gribouille est celle-ci : un jour qu'il se promenait, il fut surpris par une averse. Ne sachant où trouver refuge, pour éviter d'être mouillé par la pluie, il finit par plonger dans une mare.

De cette triste histoire vient l'usage d'appeler «politique de Gribouille» une politique du pire, une conduite qui aboutira nécessairement à une situation plus désastreuse encore que celle qu'il s'agissait d'éviter.

Quant au personnage de Gribouille, type du sot naïf qui se jette dans les ennuis qu'il voulait éviter, il semble qu'il existe depuis le XVIe siècle. On trouve l'expression «plus sot(te) que n'est Gribouille» dans le *Sermon des fous*, 1548.

Une pomme de discorde

LE JUGEMENT DE PÂRIS. Il était une fois un jeune et joli berger qui faisait paître son troupeau sur le Mont Ida. C'est lui que Zeus choisit pour se sortir d'une situation difficile : aux noces de Thétis et de Pélée (qui seront les parents du valeureux Achille), une invitée fut oubliée. Elle s'appelait Discorde. Pour se venger, elle lança sur la table du banquet une pomme d'or qui portait l'inscription «à la plus belle». C'était bien là la pomme de la Discorde ! Toutes les déesses, en effet, se précipitèrent pour se l'arracher. Elles se disputèrent si bien que Zeus, prenant conseil d'Hermès, décida qu'on s'en remettrait au berger Pâris qui, au demeurant, n'aurait à choisir qu'entre Héra, la reine des déesses, Athéna la guerrière et Aphrodite. Cette dernière n'était parée que de sa belle chevelure... Elle reçut la pomme des mains du berger ému, et lui accorda dès lors son amitié et sa protection.

Rappelons que Pâris était le fils de Priam, roi de Troie. Grâce à l'aide d'Aphrodite il put séduire et enlever la belle Hélène, épouse du roi grec Ménélas ; il déclencha ainsi la guerre de Troie. La protection de la déesse de l'Amour ne fut pas, dans cette guerre, aussi efficace que la haine vouée à Pâris par Athéna et Héra qui aidèrent les Grecs.

LA PORTE ÉTROITE

C'est à la fois la voie de la difficulté et celle du salut. Peu l'empruntent. Dans l'Évangile, c'est la porte qui mène au Royaume des Cieux :

> *Entrez par la porte étroite car large et spacieux est le chemin qui mène à la perdition et il en est beaucoup qui le prennent ; mais étroite est la porte, et resserré le chemin qui mène à la vie et il en est peu qui le trouvent.*
>
> Matthieu, 7, 13-14.

André Gide a intitulé un de ses romans les plus connus *La Porte étroite*: Alissa aime Jérôme mais renonce au bonheur qu'il lui offre, pour passer par la porte étroite du mysticisme et de l'ascétisme.

PORTER AU PINACLE

Cette expression nous vient d'un passage des Évangiles, relatif à la tentation de Jésus par Satan :

> *Alors Jésus fut conduit au désert par l'Esprit pour être tenté par le diable. Il jeûna quarante jours et quarante nuits, après quoi il eut faim. Et le tentateur l'abordant, lui dit :*
> *« Si tu es Fils de Dieu, ordonne que ces pierres se changent en pains. »*
> *Mais il répliqua :*
> *« Il est écrit : L'homme ne vit pas seulement de pain mais de toute parole qui sort de la bouche de Dieu. »*
> *Alors le diable l'emmène à la Ville Sainte, le place sur le faîte du Temple et lui dit :*
> *« Si tu es Fils de Dieu, jette-toi en bas, car il est écrit : Il donnera pour toi des ordres à ses anges, et ils te porteront dans leurs mains, de peur que tu ne heurtes du pied quelque pierre. » Jésus lui dit : « Il est encore écrit : Tu ne tenteras pas le Seigneur, ton Dieu. »*
>
> Matthieu, 4, 1-7.

Le faîte du Temple, d'où Satan voulait que Jésus se jetât, s'appelle le pinacle. « Porter quelqu'un au pinacle », malgré l'origine de l'expression, n'a rien de satanique et signifie seulement : élever quelqu'un au-dessus de tous les autres, chanter ses louanges.

Porter sa croix

Chacun le fait, dit-on, pour exprimer que chacun a sa part de souffrance sur terre. Porter sa croix, ce peut être un **calvaire**. Ces expressions trouvent leur source dans la Passion du Christ.

Pilate, ayant fait flageller Jésus, le livra aux soldats pour qu'il soit crucifié. Ici, les textes des Évangiles diffèrent. Matthieu (27, 32), Marc (15, 21) et Luc (23, 26-32) écrivent qu'un homme de Cyrène, du nom de Simon, fut requis pour porter la croix de Jésus. Seul le texte de Jean affirme – et c'est ce que nous retenons dans notre expression – que Jésus fut chargé lui-même de sa croix (19, 17). Il la porta au lieu dit Golgotha, ce qui signifie «lieu du crâne», traduit en latin par *Calvara, d'où calvaire*. C'est le nom de ce lieu que nous employons depuis pour désigner une grande souffrance.

La portion congrue

En être réduit à la portion congrue, c'est être bien près de la misère. Cependant «congrue» signifie à proprement parler «convenable». L'expression date de l'Ancien Régime. Elle avait alors une signification très précise : il s'agissait de la pension annuelle, calculée au plus juste, et par conséquent très maigre, que versait le titulaire d'un bénéfice ecclésiastique à celui qui remplissait la charge à sa place! Ce transfert de responsabilités n'était pas possible dans le cas des «bénéfices à charge d'âmes», où le titulaire devait s'occuper lui-même de ses fidèles et leur administrer les sacrements.

Le pot de terre et le pot de fer

Voilà une association bien précaire et qui ne peut durer qu'à la condition qu'il n'y ait aucun heurt, aucun frottement, aucune proximité! Son issue ne fait aucun doute : le pot de terre se brisera au premier choc. Cette image du pot de fer et du pot de terre est très ancienne ; on la trouve chez Ésope ; on la trouve dans la Bible :

Ne te lie pas à plus fort et plus riche que toi. Pourquoi mettre le pot de terre avec le pot de fer? S'il le heurte, il le brisera.

Ecclésiastique, 13, 2-3.

La Fontaine reprend cette comparaison et il nous conte que le pot de fer proposa un voyage au pot de terre. Il l'assura de sa protection et réussit à vaincre les résistances du pot de terre qui songeait à sa fragilité. Les voilà donc partis :

Mes gens s'en vont à trois pieds,
Clopin-clopant comme ils peuvent,
L'un contre l'autre jetés
Au moindre hoquet qu'ils trouvent.
Le pot de terre en souffre ; il n'eut pas fait cent pas
Que par son compagnon il fut mis en éclats,
Sans qu'il eût lieu de se plaindre.

La morale de l'histoire, on le comprendra aisément, c'est qu'il ne faut s'associer qu'avec ceux qui sont nos égaux :

Ou bien il nous faudra craindre
Le destin d'un de ces pots.

La Fontaine, *Fables*, V, 2.

UN PROBLÈME CORNÉLIEN

C'est une autre façon de dire un dilemme : en effet, un des ressorts tragiques des pièces de Corneille (1606-1684) consiste à mettre en scène des personnages pris dans un conflit entre un devoir envers la patrie ou la famille, et une inclination, généralement amoureuse. Cette expression est employée ironiquement, de nos jours, peut-être parce que nous n'avons plus le même sens de ce que nous devons à notre cité, à notre famille, et moins encore à notre «honneur», si bien que les héros cornéliens, prêts à sacrifier leur amour pour leur gloire, nous semblent parfois inhumains. On peut pourtant imaginer, dans un monde souvent en guerre, des situations aussi dramatiques que celle, par exemple, d'Horace et Curiace qui malgré de multiples liens familiaux (la sœur de Curiace est la femme d'Horace et la sœur d'Horace est fiancée à Curiace) doivent combattre l'un contre l'autre, pour leurs cités respectives :

HORACE
Avec une allégresse aussi pleine et sincère
Que j'épousai la sœur, je combattrai le frère

> *Et, pour trancher enfin ces discours superflus,*
> *Albe vous a nommé, je ne vous connais plus.*
>
> CURIACE
> *Je vous connais encore, et c'est ce qui me tue.*

Dans le *Cid*, Chimène aime Rodrigue; mais Rodrigue a tué le père de Chimène au cours d'un duel. Elle se doit, par conséquent, de réclamer sa tête. Le conflit qui la déchire sera exprimé deux siècles plus tard, en ces termes légers par Georges Fourest :

> *Le palais de Gormas comte et gobernador*
> *Est en deuil; pour jamais dort couché sous la pierre*
> *L'hidalgo dont le sang a rougi la rapière*
> *De Rodrigue appelé le Cid Campéador.*
> *Le soir tombe. Invoquant les deux saints, Paul et Pierre,*
> *Chimène en voile noir s'accoude au mirador.*
> *Et ses yeux dont les pleurs ont brûlé la paupière*
> *Regardent sans rien voir mourir le soleil d'or.*
> *Mais un éclair soudain fulgure en sa prunelle,*
> *Sur la piazza Rodrigue est debout devant elle.*
> *Impassible et hautain, drapé dans sa capa,*
> *Le héros meurtrier à pas lents se promène.*
> *Dieu, soupire à part soi la plaintive Chimène,*
> *Qu'il est joli garçon l'assassin de Papa !*
>
> Georges Fourest, *La Négresse blonde.*

Q

LA QUADRATURE DU CERCLE

C'est un problème impossible à résoudre. L'origine de cette expression est un problème de mathématiques qui consiste, étant donné une circonférence dont on connaît le diamètre, à construire un carré qui aurait une surface égale à celle que limite la circonférence considérée.
Ce problème était déjà célèbre et réputé insoluble dans l'Antiquité. À Athènes, au ve siècle avant J.-C., Anaxagore de Clazomènes écrivit un ouvrage sur ce sujet. En 1775, l'Académie des Sciences, débordée par le nombre de traités et de mémoires de mathématiciens sur cette épineuse question, résolut, une fois pour toutes, de tous les rejeter.

QUE LA RÉPUBLIQUE ÉTAIT BELLE SOUS L'EMPIRE !

Ces mots furent prononcés en 1885 par Alphonse Aulard, dans une conversation avec un journaliste à *La Justice*, journal de Clemenceau, et ils devinrent immédiatement célèbres. Leur sens est évident, et quand on les répète, c'est pour dire que l'image qu'on se peint d'une époque que l'on regrette et que l'on souhaite voir revenir est souvent bien plus belle que la réalité.

R

LE RADEAU DE LA MÉDUSE

Ce radeau est surtout connu par le grand tableau de Géricault, exposé pour la première fois au Salon de 1819. Il s'agissait d'un fait divers qui avait horrifié toute la France en juillet 1816. Quatre navires, dont la *Méduse*, avaient été expédiés au Sénégal avec, à leurs bords, plusieurs centaines de passagers. Le 2 juillet, la *Méduse* échoua à quarante lieues des côtes de Mauritanie. On construisit un radeau sur lequel s'entassèrent 149 personnes. Ce radeau devait être remorqué par cinq canots. Mais bientôt les rameurs, estimant qu'ils ne pourraient traîner le radeau jusqu'à la terre, coupèrent les cordages et le radeau partit à la dérive... On le retrouva douze jours plus tard; il restait quinze hommes à bord, à moitié morts de faim et de soif. Les autres avaient péri. Le bruit courut que certains avaient été dévorés par leurs compagnons d'infortune... Ce radeau représente, certes, la tragédie et l'horreur, mais aussi une idée assez voisine de celle contenue dans l'expression «un panier de crabes», c'est-à-dire un espace réduit où des êtres s'entredévorent pour survivre! C'est dans ce sens que l'entendait Michelet, lorsqu'il écrivait, à propos des araignées:

Ces événements atroces, les araignées qui se dévorent les unes les autres, n'arrivent pas, j'en suis sûr, dans les climats où l'aisance et une vie abondante ne dépravent pas leur naturel. Mais en nos pays, si nombreuses, avec un gibier bien plus rare, dans une violente concurrence, ces malheureuses sont entre elles comme les naufragés de la Méduse.

Michelet, *L'Insecte*.

Ralliez-vous à mon panache blanc !

Cri de ralliement qui nous vient du roi Henri IV. Il aurait prononcé ces paroles, le 14 mars 1590, avant la bataille d'Ivry, où il remporta une éclatante victoire sur les Ligueurs commandés par le duc de Mayenne. Citons Michelet (*Histoire de France*, T. XII, 20) :

Henri IV était (comme toujours à de tels moments) d'une gaieté merveilleuse, qui répondait de la journée. Il avait mis sur son casque un énorme panache blanc et un autre gigantesque à la tête de son cheval. Il dit : Si les étendards vous manquent, ralliez-vous à ce panache. Vous le trouverez toujours au chemin de la victoire.

On utilise aussi l'expression « avoir du panache », qui signifie avoir du brio, avoir fière allure.

Rendre à César ce qui est à César... et à Dieu ce qui est à Dieu

C'est remettre à chacun son dû, reconnaître à chacun son mérite : si l'on s'indigne, par exemple, de ne pas voir un auteur cité de façon explicite dans un texte où l'on se sert de ses écrits, on s'écriera volontiers qu'il faut « rendre à César ce qui est à César ». Cette expression se trouve dans les Évangiles de Matthieu (22, 15-22), de Marc (12, 13-17) et de Luc (20, 20-26). Les Pharisiens cherchaient à prendre Jésus au piège de leurs questions insidieuses. Lui ayant rappelé le peu de cas qu'il faisait de la hiérarchie officielle, ils lui demandèrent ensuite s'il était permis ou non, selon lui, de payer l'impôt à César.

Mais Jésus, connaissant leur perversité, riposta : « Hypocrites, pourquoi me tendez-vous un piège ? Faites-moi voir l'argent de l'impôt. » Ils lui présentèrent un denier. Et il leur dit : « De qui est cette effigie et l'inscription ? – De César », répondent-ils. Alors il leur dit : « Rendez donc à César ce qui est à César, et à Dieu ce qui est à Dieu. » À ces mots ils furent tout surpris et, le laissant, ils s'en allèrent.

Renvoyer aux calendes grecques

C'est remettre à un avenir on ne peut plus incertain ce qu'on ne veut pas faire le jour même. Et pour cause ! Les calendes grecques n'existent pas : c'est à Rome et non en Grèce qu'on divisait les mois en calendes, en nones et en ides. Les calendes étaient le premier jour de chaque mois. L'empereur Auguste passe pour avoir mis l'expression à la mode, et les Romains affectionnaient cette plaisanterie, d'autant que les calendes étaient le jour de l'échéance des dettes.

LE RETOUR DE L'ENFANT PRODIGUE

Il n'est pas besoin, pour employer cette expression, que l'enfant en question ait été réellement prodigue et qu'il ait dépensé sa part d'héritage, comme il est dit d'un fils, dans l'Évangile selon saint Luc (19, 11-32). Il s'agit simplement du retour au foyer ou au pays d'un enfant ou d'un ami dont on avait craint que le départ ne fût définitif, et auquel on fait fête lorsqu'on le revoit : pas de meilleure occasion pour **TUER LE VEAU GRAS** !

REVENONS À NOS MOUTONS

Façon plaisante d'interrompre une conversation qui s'égare et que l'on veut ramener à son premier sujet. Dans *La Farce de Pathelin* d'où nous vient cette expression, c'est bel et bien de moutons qu'il s'agit. Un drapier, au beau milieu de son procès contre un berger qu'il accuse de lui avoir volé des moutons, aperçoit soudain Pathelin, qui a «omis» de lui payer une pièce d'étoffe. Le malheureux drapier s'embrouille si bien dans ses deux accusations que le juge, agacé et désespérant de le voir jamais revenir à la première affaire, lui crie : *Sus! revenons à ces moutons!*
Queneau, parmi tant d'autres, reprend cette formule mais la transforme joliment :

Mais revenons à nos mérinos (je dis mérinos pour éviter le lieu commun des moutons un peu zuzagé depuis Panurge, éviter le lieu commun c'est toute l'essence de la poésie).
Raymond Queneau, *Loin de Rueil.*

LA RETRAITE SUR L'AVENTIN

L'Aventin est une des sept collines de Rome. C'était le quartier le plus populeux de la Rome ancienne. C'est sur cette colline que le peuple romain, la plèbe, se retira en plusieurs occasions pour manifester sa volonté de s'opposer aux patriciens, c'est-à-dire à l'aristocratie. La première fois, et la plus importante, date de 493 avant J.-C. Quarante mille soldats plébéiens venaient de participer aux combats contre les Volsques, les Èques et les Sabins. On leur avait promis l'amélioration de leur sort, sitôt les guerres terminées. En effet, les plébéiens étaient exclus de tous les honneurs et des fonctions publiques, civiles et militaires; ils étaient tenus à l'écart des meilleures terres ainsi que de la plus belle part du butin lors des victoires. Quand ils virent que la guerre était finie et qu'on ne songeait pas à eux, ils se retirèrent sur le Mont Sacré et sur l'Aventin, avec leurs familles. Ménénius Agrippa, un patricien d'origine plébéienne, fut chargé d'aller leur faire entendre raison. Il prononça la célèbre harangue: «Les Membres révoltés contre l'Estomac». Le peuple exigea, en échange de sa soumission, l'abolition des dettes et la création de magistrats plébéiens chargés de veiller aux intérêts du peuple. Ce furent les tribuns de la plèbe.

Riche comme Crésus

Crésus était un roi de Lydie, en Asie Mineure (590-546 avant J.-C.), célèbre dans toute l'Antiquité pour sa fabuleuse richesse. Cette richesse lui venait du fleuve Pactole qui traversait son pays et dont les eaux charriaient des paillettes d'or. C'était une belle histoire que celle de ce fleuve. On disait que le dieu Dionysos avait proposé au roi Midas d'exaucer son vœu le plus cher. Midas, dans sa cupidité et son imprévoyance, souhaita transformer en or tout ce qu'il toucherait. Il l'obtint et ne tarda pas à en sentir les effets: l'or ne se boit ni ne se mange et Midas, sur le point de mourir de faim et de soif, implora Dionysos de le libérer de son vœu. Le dieu lui enjoignit d'aller se laver… dans le Pactole. De ce bain royal provenait l'or du fleuve.

Fier de ses richesses, Crésus aimait à recevoir dans sa capitale de Sardes les poètes et les philosophes de son temps. On raconte que le sage Athénien, Solon, lui rendit visite. Mais il ne se laissa pas impressionner par les palais et les trésors du roi et il avertit Crésus qu'«on ne doit appeler personne heureux avant le jour de sa mort».

Quelques années plus tard, après bien des victoires, Crésus fut enfin vaincu par Cyrus le Grand, roi de Perse (557-530 avant J.-C.), et condamné au bûcher. Au moment de mourir, il excita la curiosité de Cyrus en s'écriant «Ô Solon, Solon!». Cyrus le fit venir et lui demanda de s'expliquer. Il entendit l'histoire avec ravissement, épargna la vie de son adversaire et en fit son ami.

UN RIRE HOMÉRIQUE

C'est un rire énorme, un rire fou, un rire irrépressible et bruyant, plus fort que celui que peuvent produire l'amusement ou la joie chez de simples mortels. C'est qu'il s'agit du rire des dieux qui festoient, à la fin du premier chant de *l'Iliade*, en regardant le boiteux Héphaïstos leur servir à boire.

Et lui, de gauche à droite, à tous les autres dieux il sert le doux nectar puisé dans le cratère. Et voici que, soudain, les Bienheureux sont pris d'un rire inextinguible, en voyant s'affairer dans la salle Héphaïstos.

Les dieux n'étaient guère tendres et leur gaieté n'est pas toujours d'une grande délicatesse à nos yeux! Ils ont une autre occasion de rire quand Héphaïstos, ayant réussi à enchaîner sa femme Aphrodite dans le lit où elle le trompait avec Arès, les appelle pour constater l'infidélité qui lui est faite et jouir du spectacle des amants pris au piège. Seuls viennent les dieux,

... les déesses, avec la pudeur de leur sexe, demeuraient au logis. Sur le seuil, ils étaient debout, ces Immortels qui nous donnent les biens, et, du groupe de ces Bienheureux, il montait un rire inextinguible: Ah! la belle œuvre d'art de l'habile Héphaïstos!
Odyssée, VIII, 310-330.

D'une façon générale, est «homérique» ce qui est énorme, surhumain, fabuleux, digne des dieux ou des héros de *l'Iliade* et de *l'Odyssée*. On parlera d'efforts homériques, d'aventures, de voyages, d'expéditions homériques.

LE ROI EST MORT, VIVE LE ROI !

Ces mots, criés trois fois par un héraut du haut d'un balcon du palais, annonçaient au peuple la mort du roi et l'avènement de son successeur, et signifiaient que la royauté ne meurt jamais. Ils étaient répétés solennellement à la cérémonie funèbre, quand le monarque défunt allait rejoindre ses ancêtres dans les caveaux de Saint-Denis. On les entendit pour la dernière fois en France à la mort de Louis XVIII, à qui succédait son frère Charles X.

On emploie encore cette phrase de temps en temps pour marquer que le départ ou la disparition d'une personne n'entraîne pas la fin de ce qu'elle représentait.

LE ROI N'EST PAS SON COUSIN

On le dit de quelqu'un qui est très heureux et très fier à la fois, d'un père devant son premier enfant, d'un lauréat à un concours, d'un amoureux… À ce point de félicité, le roi même semblerait un parent peu digne. Faut-il ajouter que l'expression est un peu ironique et d'ailleurs désuète ?

LE ROCHER DE SISYPHE

Il symbolise un travail écrasant et sans fin ; on parle aussi d'un «travail de Sisyphe». Sisyphe, roi de Corinthe, était rusé et malhonnête. Il existe plusieurs légendes à son sujet. On dit qu'il rançonnait de façon éhontée les voyageurs qui traversaient l'isthme de Corinthe. Un jour, pour son malheur, il s'attaqua à Thésée qui le tua… On raconte aussi qu'il aurait, par pure malice, dénoncé Zeus au père d'une jeune fille que le dieu avait enlevée. Pour se venger, Zeus lui envoya le dieu de la mort, Thanatos, mais Sisyphe réussit à l'enchaîner. Il fallut qu'Arès, dieu de la guerre, vînt le délivrer. Sisyphe fut amené de force aux Enfers. Mais il n'était jamais à court de ruses. Il imagina de défendre à sa femme de lui faire des funérailles, puis de réclamer au dieu des Enfers une «permission», pour aller punir l'épouse indigne ! Une fois sur terre, il refusa, bien sûr, de regagner le royaume des Ténèbres… On comprend que les dieux, quand ils le tinrent enfin, aient inventé pour lui un supplice tout spécial : il fut condamné à pousser éternellement un énorme rocher jusqu'en haut d'une montagne d'où il roulait à nouveau jusqu'en bas.

Camus, dans *Le Mythe de Sisyphe*, a fait de lui le symbole de l'homme luttant sans cesse et sans espoir de soulagement, contre un destin aveugle. La conclusion de cet essai est qu'«il faut imaginer Sisyphe heureux».

ROME N'EST PLUS DANS ROME

Rome n'est plus dans Rome, elle est toute où je suis, proclame Sertorius, héros de la pièce de Corneille qui porte son nom. Il veut dire par là qu'il ne voit plus Rome dans une ville qui est asservie et que la véritable Rome se trouve là où sont les Romains libres et dignes d'elle.

Cette formule a parfois été reprise par des hommes politiques ou des gouvernements en exil, certains de représenter la véritable patrie.

S

LE SABRE ET LE GOUPILLON

Il s'agit de l'armée et de l'Église, l'une symbolisée par le sabre, l'autre par le goupillon, qui est l'instrument dont on se sert, durant les cérémonies de l'Église, pour asperger les fidèles d'eau bénite. Citons Théophile Gautier, qui fait de cette expression un usage plaisant :

> Qu'importe que ce soit un sabre, un goupillon ou un parapluie qui nous gouverne !... C'est toujours un bâton, et je m'étonne que des hommes de progrès en soient à disputer sur le choix du gourdin qui leur doit chatouiller l'épaule.
> Théophile Gautier, *Mademoiselle de Maupin*.

UN SAINT THOMAS

Il ne croit que ce qu'il voit de ses yeux, touche de ses mains, entend de ses oreilles. On pourra le convaincre, mais jamais par des mots : il lui faut des preuves tangibles. Ainsi était Thomas dans l'Évangile :

> Les disciples lui dirent : Nous avons vu le Seigneur. Il leur répondit : Si je ne vois à ses mains la marque des clous et si je ne mets la main dans son côté, je ne croirai pas.
> Huit jours plus tard, les disciples se trouvaient de nouveau dans la maison et Thomas avec eux ; Jésus vint, toutes portes closes, et se tint au milieu : Paix à vous ! dit-il. Puis il dit à Thomas : Porte ton doigt ici, voici mes mains et avance ta main et mets-la dans mon côté, et ne sois plus incrédule mais croyant.
> Thomas lui répondit : Mon Seigneur et mon Dieu. Jésus lui dit : Parce que tu me vois, tu crois. Heureux ceux qui croiront sans avoir vu.
> Jean, 20, 24-29.

SE FAIRE L'AVOCAT DU DIABLE

Contrairement à ce que l'on pourrait croire, l'avocat du diable est en odeur de sainteté. Il vient tout droit du Vatican. Dans la chancellerie romaine, on appelle ainsi le «promoteur de la foi», à qui échoit le rôle de mettre en doute les mérites d'une personne dont on propose la canonisation. De là vient l'usage d'appeler «avocat du diable» celui qui défend, avec une conviction fausse ou excessive, une cause très douteuse, et même franchement mauvaise. L'expression sert souvent quand on oppose au projet d'autrui de nombreuses objections ou critiques. Pour s'excuser de ce rôle ingrat, il peut être adroit de dire: «Pardonnez-moi de vous contredire ainsi: je fais l'avocat du diable».

LE SEL DE LA TERRE

Nous qui n'utilisons guère le sel que pour assaisonner ou conserver nos aliments, nous avons perdu le souvenir d'une vieille pratique agricole qui existait vers le Ier siècle en Égypte et en Palestine. Pour rendre le fumier plus apte à féconder la terre, on lui ajoutait du sel. C'est à cette technique, et non à l'emploi gastronomique du sel, que Jésus pensait lorsqu'il dit à ses apôtres: *Vous êtes le sel de la terre* (Mathieu, 5, 13), leur indiquant ainsi que leur sagesse devait féconder l'esprit des hommes comme le sel féconde la terre. Ceux dont on dit, depuis, qu'ils sont «le sel de la terre» sont ceux qui ont charge de l'avenir.

> *C'est une bonne chose que le sel. Mais si le sel lui-même perd sa saveur, avec quoi l'assaisonnera-t-on? Il n'est bon ni pour la terre, ni pour le fumier, on le jette dehors.*
>
> Luc, 14, 34.

SE METTRE EN RANGS D'OIGNONS

À première vue, le sens de cette expression n'est pas bien mystérieux: on pense tout simplement aux jardiniers qui alignent au cordeau leurs plants d'oignons. Mais il existe une autre histoire. À la cour des Valois, il y avait un Grand Maître des cérémonies, nommé Artus de la Fontaine Solaro, baron d'Oignon. Lors des États généraux de Blois, en 1576, c'était lui qui assignait leurs places aux seigneurs et aux députés. On trouva très drôle sa façon de crier : « Serrez vos rangs, Messieurs, serrez vos rangs ! », et on prit l'habitude de se moquer des rangs d'Oignon...

SE METTRE SUR SON TRENTE ET UN

Est-ce l'expression seulement, ou est-ce ce qu'elle évoque, qui a pour nous un charme un peu désuet ? Car enfin, quand revêt-on, de nos jours, ses plus beaux habits, au risque d'avoir cet air solennel qui convient aux fêtes, ou aux cérémonies ?

On dit que le « trente et en » serait en fait le « trentain », un drap de haute qualité dont la chaîne était composée de trente centaines de fils. On imagine quels atours on pouvait y tailler...

Cependant, au siècle dernier, on trouvait une autre origine à notre expression. On aimait alors à rappeler que le « trente et un » était un jeu de cartes et à expliquer que trente et un était à ce jeu le point gagnant.

S'ENFERMER DANS SA TOUR D'IVOIRE

C'est se retirer dans une solitude pure et hautaine, loin des combats et des souillures de ce monde. Le terme fut mis à la mode, vers 1830, par un certain nombre de poètes. Sainte-Beuve l'employa pour désigner la retraite où il regrettait que Vigny se fût enfermé. L'expression « tour d'ivoire » *(turris eburnea)* se trouve dans les *Litanies de la Vierge* où elle est symbole de pureté. (Elle vient du Cantique des Cantiques : Ton cou est une tour d'ivoire, mais le rapport avec notre expression n'est pas évident !). Pour Nerval, la tour d'ivoire, c'est la retraite où le poète, dans « l'air pur des solitudes », peut s'enivrer « de poésie et d'amour ».

Il ne nous restait pour asile que cette tour d'ivoire des poètes, où nous montions toujours plus haut pour nous isoler de la foule.
Gérard de Nerval, *Sylvie*, I.

S'EN LAVER LES MAINS

Quel professeur, quel homme politique, quel parent, devant l'insuccès de ses avertissements et en désespoir de cause, ne s'est exclamé : « Je m'en lave les mains ! » Propos qui renvoie la responsabilité à qui voulait s'en décharger.

C'est Ponce Pilate, le procurateur romain de la Judée, qui se lava effectivement les mains avant de livrer Jésus au supplice… Il prit de l'eau et se lava les mains en présence de la foule en disant :

> « Je ne suis pas responsable du sang de ce juste; à vous de voir. Et tout le peuple répondit: Que ce sang soit sur nous et nos enfants ». Alors il leur relâcha Barabbas; quant à Jésus, après l'avoir fait flageller, il le livra pour être crucifié.
>
> Matthieu, 27, 24-26.

S'EN MOQUER COMME DE L'AN QUARANTE

Il est vrai que nous ne nous faisons aucun souci quant à cet an quarante et que nous chercherions en vain ce qu'il a bien pu s'y passer. Il ne s'agit pas de l'an quarante de notre ère, mais de l'an quarante du calendrier républicain. Ce sont les royalistes qui employèrent les premiers cette expression, bien certains que cette année-là n'arriverait jamais pour la jeune république. On dit aussi que l'expression devint d'autant plus populaire qu'elle était proche par le son d'une autre expression, employée depuis les Croisades, et qui était : « s'en moquer comme de l'Alcoran », c'est-à-dire comme du Coran…

SENTIR LE FAGOT

Cette expression ne s'emploie plus guère qu'en plaisantant. Elle désigne une œuvre ou une idée qui fait un peu scandale. Elle vise aussi une personne qui se rend un brin suspecte par ses opinions ou sa conduite et à qui on reproche en riant de n'être pas comme il faut. Mais elle n'a pas toujours été aussi inoffensive. Jadis, quelqu'un qui sentait le fagot n'était pas en odeur de sainteté puisque c'est d'hérésie qu'il était soupçonné, ou du moins d'impiété : il risquait fort de se retrouver en train de flamber sur les fagots d'un grand bûcher !

SE PARER DES PLUMES DU PAON

C'est s'attribuer les mérites d'autrui. Cette expression nous vient d'une fable de La Fontaine, *Le Geai paré des plumes du Paon* :

Un Paon muait; un Geai prit son plumage
Puis après se l'accommoda;
Puis parmi d'autres Paons, tout fier se panada[1],
Croyant être un beau personnage.
Quelqu'un le reconnut: il se vit bafoué,
Berné, sifflé, moqué, joué,
Et par Messieurs les Paons plumé d'étrange sorte;
Même vers ses pareils s'étant réfugié,
Il fut par eux mis à la porte.
Il est assez de Geais à deux pieds comme lui,
Qui se parent souvent des dépouilles d'autrui,
Et que l'on nomme plagiaires.
Je m'en tais et ne veux leur causer nul ennui:
Ce ne sont pas là mes affaires.

La Fontaine, *Fables*, IV, 9.

SÉPARER LE BON GRAIN DE L'IVRAIE

L'ivraie est une plante annuelle dont l'aspect n'est pas très différent de celui du blé, mais qui est nuisible aux céréales auxquelles elle se mélange parce qu'elle croît en abondance et peut les empêcher de se développer. On comprend que Jésus ait pu, dans la société agricole où il vivait, choisir l'ivraie comme le symbole de ce que, selon la même image, nous appellerions aujourd'hui familièrement «la mauvaise graine», c'est-à-dire les méchants.

La parabole de l'ivraie nous est rapportée par Matthieu (13, 24-30; 36-43).

Il en va du Royaume des Cieux comme d'un homme qui a semé du bon grain dans son champ. Or, pendant que les gens dormaient, son ennemi est venu, il a semé à son tour de l'ivraie, au beau milieu du blé, et il s'en est allé. Quand le blé est monté en herbe, puis en épis, alors l'ivraie est apparue aussi. Les serviteurs sont allés trouver le propriétaire pour lui dire: Maître, n'est-ce pas du bon grain que tu as semé dans ton champ? D'où vient donc qu'il s'y trouve de l'ivraie? – C'est quelque ennemi qui a fait cela leur répond-il. Veux-tu donc que nous allions la ramasser? reprennent les serviteurs. Non, dit-il, vous risquerez, en ramassant l'ivraie, d'arracher en même temps le blé. Laissez l'un et l'autre croître ensemble jusqu'à la moisson, et au moment de la moisson, je dirai aux moissonneurs: Ramassez d'abord l'ivraie et liez-la en bottes que l'on fera brûler, et puis vous recueillerez le blé dans mon grenier.

Les disciples de Jésus lui demandent de les éclairer sur le sens de cette parabole. Il leur dit:

---

1. *Se panada*: marcha en étalant sa parure; au figuré signifie faire l'orgueilleux. Ce verbe est un dérivé du mot *paon*.

Celui qui sème le bon grain, c'est le Fils de l'homme ; le champ, c'est le monde ; le bon grain, ce sont les sujets du Royaume ; l'ivraie, ce sont les sujets du Mauvais ; l'ennemi qui la sème, c'est le Diable ; la moisson, c'est la fin du monde ; et les moissonneurs, ce sont les anges. De même donc qu'on enlève l'ivraie et qu'on la consume au feu, de même en sera-t-il à la fin du monde : le Fils de l'homme enverra ses anges, qui ramasseront de son Royaume tous les scandales et tous les fauteurs d'iniquité, et les jetteront dans la fournaise ardente : là seront les pleurs et les grincements de dents. Alors les justes resplendiront comme le soleil dans le Royaume de leur Père. Entende qui a des oreilles !

L'emploi courant de notre expression : « séparer le bon grain de l'ivraie », qui signifie séparer les bons des mauvais, atteste certes que nous avons gardé la mémoire de la parabole évangélique ; mais il rend évident aussi que nous avons oublié les conseils donnés par le maître à ses serviteurs. Il faut, selon Jésus, attendre une « fin du monde » pour séparer le bon du mauvais grain. Mais nous sommes à cette tâche généralement très impatients !

SE PORTER COMME LE PONT-NEUF

C'est le signe d'une excellente santé ! Le plus ancien des ponts en pierre de Paris, le Pont-Neuf, est en effet d'une solidité rare. Commencé en 1578, il fut terminé en 1604. C'était le premier pont qui ne portait point de maison ; or le poids des habitations fut la cause de l'effondrement de plusieurs autres ponts. Le Pont-Neuf, lui, a résisté à d'innombrables crues sans que le corps de construction ait subi de changement. Au XVIIIe siècle, le pont accueillait des boutiques en plein vent et toutes sortes de bateleurs, jongleurs, charlatans et arracheurs de dents. Une fable de Florian, *Le Charlatan*, l'atteste :

Sur le Pont-Neuf, entouré de badauds,
Un charlatan criait à pleine tête :
Venez, messieurs, accourez faire emplette
Du grand remède à tous les maux :
C'est une poudre admirable
Qui donne de l'esprit aux sots,
De l'honneur aux fripons, l'innocence aux coupables,
Aux vieilles femmes des amants,
Au vieillard amoureux une jeune maîtresse,
Aux fous le prix de la sagesse,
Et la science aux ignorants.

Avec ma poudre, il n'est rien dans la vie
Dont bientôt on ne vienne à bout;
Par elle on obtient tout, on sait tout, on fait tout;
C'est la grande encyclopédie !
Vite je m'approchai pour voir ce beau trésor...
C'était un peu de poudre d'or.

Florian, *Fables*, V, 14.

SE REPOSER SUR SES LAURIERS

Ou même s'y endormir; c'est ne pas poursuivre une carrière glorieusement commencée, ou bien compter sur des succès passés pour s'éviter à l'avenir tout effort. Le laurier était l'arbre consacré à Apollon. On en faisait les couronnes dont on ornait le front des poètes, des généraux victorieux, des empereurs. La Gloire est presque toujours représentée sous les traits d'une femme couronnée de lauriers. On parle des lauriers de la victoire. César, puis Napoléon eurent des couronnes de lauriers d'or...

SE RETIRER SOUS SA TENTE

Achille, blessé par l'affront que lui a fait le roi Agamemnon en lui reprenant Briséis, une belle et jeune prisonnière qu'il aimait, abandonne les Grecs en plein siège de Troie et se retire sous sa tente. Il ne reprendra le combat que beaucoup plus tard, quand le Troyen Hector aura tué son ami Patrocle.

Cette colère d'Achille est le thème principal de *l'Iliade;* Homère commence en effet son poème par ces mots:

Muse, chante la colère d'Achille, de ce fils de Pélée, colère détestable qui valut aux Argiens d'innombrables malheurs et jeta dans l'Hadès[1] tant d'âmes de héros, livrant leurs corps en proie aux oiseaux comme aux chiens.

Les Grecs n'eurent raison des Troyens que lorsque Achille eut repris les armes.

« Se retirer sous sa tente », c'est bouder, c'est refuser un engagement et s'isoler, par colère ou dépit.

---

1. Le royaume des morts.

Sésame, ouvre-toi !

C'est un mot de passe, c'est la formule qui ouvre les lieux et milieux bien fermés et qui, d'une façon plus générale, permet d'obtenir ce que l'on désire.

L'expression vient de l'un des plus célèbres *Contes des Mille et une Nuits*. Un pauvre artisan, Ali Baba, surprend des brigands au moment où ils pénètrent dans une caverne secrète qui ne s'ouvre que si l'on prononce la formule magique : « Sésame, ouvre-toi ! ». Dès lors Ali Baba aura accès aux trésors amassés par les quarante voleurs...

Un sigisbée

Le *cicisbeo* (littéralement le galant qui susurre) était, dans l'Italie du XVIIIe siècle, le cavalier servant d'une dame, l'homme qui l'accompagnait au spectacle, à la promenade, en visite... dans tous les lieux où il était de bon ton qu'elle se rendît accompagnée, et cela avec l'assentiment du mari qui se trouvait ainsi soulagé d'un certain nombre de corvées. En effet, l'amour n'entrait le plus souvent pour rien dans cet arrangement, tout au plus une amitié un peu galante qui faisait l'affaire de tout le monde.

La mode du sigisbée prit fin lorsque le prince Eugène, vice-roi d'Italie, annonça qu'il refuserait de recevoir à sa cour une femme escortée par un autre homme que son mari.

Sorti de la cuisse de Jupiter

Se dit de quelqu'un qui ne se prend pas pour n'importe qui : à croire que sa naissance le distingue du commun des mortels !

Le seul qui soit, en fait, sorti de la cuisse de Jupiter, c'est son fils Dionysos, Bacchus de son nom latin. Il était né des amours de Jupiter et d'une mortelle. Réaction bien humaine, la future mère voulut contempler au grand jour le père de son enfant. Mais elle ne résista pas à la vue des éclairs qui entouraient le dieu : elle tomba foudroyée. Pour sauver l'enfant, Jupiter lui fit passer à l'intérieur de sa cuisse les quelques mois qui lui manquaient pour être à terme.

SOUS L'ÉGIDE DE

Ma fierté est une trompeuse égide, je suis sans défense contre la douleur.

Balzac, *Béatrix*.

L'égide, en effet, devrait rendre invulnérable ; c'est une protection, c'est un bouclier, c'est un soutien officiel : on se place sous l'égide des lois, de l'Église, d'un haut personnage...

L'égide était le merveilleux bouclier qu'Héphaïstos avait fabriqué pour Zeus et qui était recouvert de la peau de la chèvre Amalthée. La plupart des boucliers étaient faits avec des peaux de chèvre (en grec, *aigis*) et protégeaient la poitrine, les épaules et le bras gauche. Celui de Zeus, cependant, avait ceci de particulier que sa fille Athéna, à qui il le prêtait souvent, y avait fixé la tête de la Gorgone Méduse (voir **ÊTRE MÉDUSÉ**), qui semait l'épouvante dans les rangs ennemis.

L'égide était restée dans l'Antiquité le symbole de l'invulnérabilité garantie par la protection de Zeus et d'Athéna.

Les empereurs romains sont souvent représentés avec, sur la poitrine, une amulette qui est une miniature du bouclier orné de la tête de Méduse.

SOUS LES AUSPICES DE

Les auspices étaient les divers présages que les Romains tiraient du vol des oiseaux et de leur chant, ainsi que de la manière dont mangeaient les poulets sacrés.

Aucune démarche importante n'était entreprise sans consultation préalable des auspices. Les augures étaient les devins officiels dont la mission était d'observer le nombre des oiseaux qui passaient dans le ciel et la direction de leur vol, puis d'en interpréter le sens. Leur fonction la plus importante et la plus célèbre était l'observation de l'appétit des poulets sacrés. On les consultait surtout avant les batailles. Si les poulets se jetaient sur leur nourriture, le présage était heureux. Si, au contraire, ils se montraient dégoûtés par leur pâtée et chantaient en battant des ailes au lieu de manger, le présage était funeste. On raconte que Publius Claudius

Pulcher (consul en 249 avant J.-C.) consulta les auspices avant de combattre les Carthaginois. Comme les poulets refusaient de manger, il s'écria : « Qu'ils boivent, s'ils ne veulent pas manger ! » et il les fit jeter à la mer. Il fut vaincu par les Carthaginois et sa défaite fut attribuée à son impiété. Peu à peu, le nom d'auspices fut donné à toutes sortes de présages. L'auspice des javelots, par exemple, était celui que l'on tirait, pour l'issue d'un combat, de l'inspection des pointes des javelots. Les augures avaient en outre pour mission d'interpréter les tremblements de terre, les éclipses, la foudre...

Mais dès avant la fin de la République, les augures étaient tombés en discrédit et on les soupçonnait fort de se moquer du monde ! Cicéron écrit : *C'est un mot depuis longtemps connu que celui de Caton, qui s'étonnait que deux augures pussent se regarder sans rire.* (Cicéron, *Traité de la Divination*, II, 24) Cicéron raconte aussi l'histoire d'un homme qui, effrayé d'avoir trouvé un serpent autour d'un bâton, court se faire rassurer par un augure. Celui-ci lui répond : *Ç'aurait été un bien plus grand prodige, si le bâton avait été entortillé autour du serpent !* La phrase de Caton, répétée par Cicéron, a fait fortune et a souvent été citée. On la trouve sous la plume de Cormenin, journaliste sous Louis-Philippe, qui écrit : *Sous la Restauration, la droite et la gauche ne pouvaient, comme les anciens augures, se regarder sans rire.*

Quand au mot d'« auspices », il a fini par signifier « protection, influence ». Se présenter sous les auspices de quelqu'un, c'est se présenter sous sa direction et sa protection. Voltaire écrivait : *Le commerce fleurit sous les auspices d'un gouvernement sage et modéré.*

LE SUPPLICE DE TANTALE

C'est le supplice d'une personne qui voit ses désirs toujours sur le point d'être réalisés, mais dont les espoirs sont chaque fois trompés ; jamais elle ne peut saisir ce qui est pourtant à portée de sa main.

Tantale, roi légendaire de Lydie, était cher à Zeus (dont il était le fils, dit-on parfois) et par conséquent reçu à la table des dieux. Il y déroba le nectar et l'ambroisie, nourritures divines, afin de les faire goûter aux mortels. Ce n'était rien encore. Pour mettre à l'épreuve le don de prescience des dieux et en particulier celui de Zeus, il égorgea son propre fils Pélops et le servit en ragoût à Zeus. Celui-ci, furieux que l'on osât ainsi se moquer de lui, se vengea cruellement.

Précipité dans le «noir Tartare», Tantale fut attaché à un arbre chargé de fruits, au milieu d'un lac limpide dont l'eau lui montait jusqu'au cou. Avançait-il la main vers les fruits, ils reculaient aussitôt, repoussés par le vent, et quand il approchait ses lèvres de l'eau pour boire, elle s'échappait elle aussi. Il était donc condamné à être pour l'éternité affreusement tourmenté par la soif et la faim, au milieu de l'abondance.

T

TAILLABLE ET CORVÉABLE À MERCI

Quelqu'un qu'on peut exploiter à son gré…
La taille, sous l'Ancien Régime, était la taxe prélevée sur ceux qui n'étaient ni nobles, ni ecclésiastiques, ni protégés par quelque exception. Il y avait la taille personnelle et la taille réelle qui frappait les biens. Sous Saint Louis, les Français commencèrent à payer la taille qui leur tenait lieu de service militaire. Les seigneurs et les ecclésiastiques levaient également la taille sur leurs domaines. Le nom de taille vient peut-être de la taille de bois dont les collecteurs se servaient pour mesurer les sommes reçues. La corvée, c'était la journée de travail gratuit que le serf, le paysan, le tenancier, bref, tout «manant» devait au seigneur.

La «corvée à merci» était celle dont l'obligation n'était pas déterminée mais qui dépendait de la volonté du seigneur. La taille et la corvée furent abolies à la Révolution, au cours de la fameuse **NUIT DU 4 AOÛT**.

LE TALON D'ACHILLE

C'est un point faible, vulnérable, comme l'était le talon du héros Achille. Sa mère, la déesse Thétis, l'avait plongé, à sa naissance, dans les eaux du Styx qui devaient le protéger contre toute blessure. Mais elle négligea de tremper le talon par lequel elle tenait l'enfant. Achille devint un des plus vaillants des guerriers grecs, peut-être le plus redoutable. Un de ses hauts faits fut de tuer le Troyen Hector, qui, en expirant, lui prédit sa mort prochaine. Ce fut une des flèches de Pâris qui le toucha au talon et le blessa mortellement.

Le langage de l'anatomie a retenu cette histoire et nomme «tendon d'Achille» le tendon que nous avons derrière la cheville.

Taquiner la muse

On a le choix puisqu'elles sont neuf... et pourtant, lesquelles taquine-t-on vraiment? Sûrement pas Uranie qui enseigne l'astronomie, ni Clio l'historienne, non plus que Terpsichore la danseuse, Euterpe la musicienne ni Polymnie qui préside à la rhétorique. Celles qu'on taquine, ce sont les inspiratrices de la poésie: Melpomène la tragique, Calliope l'héroïque, Thalie la comique, mais surtout Érato, qu'on imagine souvent debout derrière le poète, lui soufflant des vers pleins de fougue et de tendresse.

Certes, l'expression est moqueuse: on a trop peur de l'amour et des vers pour ne pas en rire, sans férocité aucune et même avec un peu d'envie. Les Muses ne sont pas toujours à prendre à la légère; mais alors on ne les «taquine» pas, on les invoque. Homère ne commence-t-il pas son grand poème de l'*Iliade* par ces mots: *Muse, chante la colère d'Achille...* Il s'agit certainement de Calliope. Tandis que la Muse à qui Musset fait dire: *Poète, prends ton luth et me donne un baiser* serait plutôt Érato. (Musset, *Nuit de Mai*, v. 1).

Elles étaient neuf sœurs, filles de Mnémosyne, la déesse Mémoire qui leur donna naissance, dit-on, en s'unissant à Zeus neuf nuits de suite. Apollon fit leur connaissance sur le Mont Parnasse et il leur distribua leurs rôles.

Une tarte à la crème

C'est un lieu commun éculé, un cliché inévitable. On pense, bien sûr, à tous les films comiques (Charlot, Laurel et Hardy, etc.) où l'on se bat à coup de tartes à la crème. En réalité, l'origine de l'expression se trouve dans *La Critique de l'École des Femmes*, de Molière. Les personnages discutent du passage de *L'École des Femmes* dans lequel Arnolphe affirme vouloir une femme trop ignorante même pour jouer au «petit corbillon»: jeu qui consiste à trouver le plus grand nombre possible d'objets dont le nom rimait avec «corbillon».

Et s'il faut qu'avec elle on joue au corbillon,
Et qu'on vienne à lui dire à son tour: «Qu'y met-on?»
Je veux qu'elle réponde: «Une tarte à la crème»;
En un mot, qu'elle soit d'une ignorance extrême;
                    Molière, *L'École des Femmes*, I, I.

Dans *La Critique de l'École des Femmes*, le Marquis s'indigne...

LE MARQUIS
Ah! ma foi, oui, tarte à la crème! Voilà ce que j'avais remarqué tantôt; tarte à la crème! Que je vous suis obligé, Madame, de m'avoir fait souvenir de tarte à la crème! Y a-t-il assez de pommes en Normandie pour tarte à la crème1? Tarte à la crème, morbleu! tarte à la crème!

DORANTE
Eh bien! que veux-tu dire, tarte à la crème?

LE MARQUIS
Parbleu! tarte à la crème, Chevalier.

DORANTE
Mais encore?

LE MARQUIS
Tarte à la crème!

TENDRE L'AUTRE JOUE (OU LA JOUE GAUCHE)
Yahvé dit à Moïse (*Lévitique*, 24, 17-22):
Si un homme frappe à mort un être humain, quel qu'il soit, il devra mourir; qui frappe à mort un animal en doit donner la compensation: vie pour vie. Si un homme blesse un compatriote, comme il a fait on lui fera: fracture pour fracture, œil pour œil, dent pour dent. Tel le dommage que l'on inflige à un homme, tel celui que l'on subit: qui frappe à mort un animal en doit donner compensation et qui frappe à mort un homme doit mourir. La sentence sera chez vous la même, qu'il s'agisse d'un citoyen ou d'un étranger, car je suis Yahvé votre Dieu.

---

1. C'est une allusion aux pommes cuites qu'il était de mode de lancer aux acteurs lorsqu'on jugeait la pièce mauvaise.

Si dur que ce texte nous semble, on voit qu'il y apparaît l'idée d'une justice universelle, la même pour les citoyens et les étrangers; d'autre part, cette loi, qu'on appelle «du talion» (du latin *talis*, tel: telle faute, telle punition), restreignait en fait les sévices que l'on pouvait faire subir aux coupables et qui excédaient souvent l'ampleur de leur crime.
Avec l'Évangile, l'idée d'une riposte agressive à l'agressivité est condamnée. Matthieu nous rapporte (5, 38-42) les paroles de Jésus:

Vous avez appris qu'il a été dit: œil pour œil et dent pour dent. Eh bien moi, je vous dis de ne pas tenir tête au méchant; au contraire, quelqu'un te donne-t-il un soufflet sur la joue droite, tends-lui encore l'autre.

Tenir le haut du pavé
Autrefois, le sol des rues était concave, pour que les eaux puissent se rassembler en un ruisseau qui coulait en leur milieu et tenait lieu tout à la fois d'égout et de collecteur des eaux de pluie. Le haut du pavé était donc en bordure des maisons et on le cédait aux hauts personnages que l'on pouvait croiser, pour leur éviter des éclaboussures nauséabondes. C'est par le biais de cet usage que «tenir le haut du pavé» signifie «faire partie du gratin».

La terre promise
C'était la Palestine, ou «pays de Canaan» que, selon la Bible, Dieu avait promis au peuple hébreu, et, plus spécifiquement, à Josué, en ces termes:

Moïse, mon serviteur, est mort, il est temps d'agir et de passer le Jourdain que voici, toi et tout ce peuple, vers le pays que je donne aux enfants d'Israël.
Livre de Josué, I, ı.

Cette terre promise était une terre riche et fertile, où coulaient «le lait et le miel». Par extension, le terme signifie souvent: pays d'abondance. La terre promise, c'est le pays où l'on émigre avec l'espoir d'une vie plus riche, plus libre, etc. Dans les *spirituals*, chants des Noirs américains, la terre promise est le paradis où, après leur mort, les esclaves cesseront d'être esclaves.

Tirer les marrons du feu

Bertrand le singe et Raton le chat, tous deux maîtres fripons, virent un jour rôtir des marrons, et décidèrent de les voler.

Nos galants y voyaient double profit à faire,
Leur bien premièrement, et puis le mal d'autrui.

Mais Bertrand assura qu'il n'avait point patte à les tirer du feu, et cela échut à Raton. Raton, à force d'astuce et d'efforts,

Tire un marron, puis deux, et puis trois en escroque,
Et cependant Bertrand les croque.

La Fontaine, *Fables*, IX, 17.

L'expression «tirer les marrons du feu» a deux sens opposés, selon qu'on adopte le point de vue de Raton ou celui de Bertrand. Ce peut être, comme faisait le chat, se donner bien de la peine pour obtenir ce qui profitera à d'autres.
Mais Bertrand tire aussi les marrons du feu. C'est alors utiliser habilement quelqu'un et lui faire courir les risques qu'on ne veut pas prendre soi-même. Dans ce sens-là, on dit aussi: «tirer les marrons du feu avec la patte du chat». Cette dernière expression est fort ancienne, certainement antérieure à la fable de La Fontaine.

Un tohu-bohu

Nous employons cette expression pour désigner un vacarme, un tumulte, un charivari... pourtant la confusion à laquelle elle fait étymologiquement référence ne dut pas être bien bruyante. «Tohu-bohu» est en effet une transcription de la locution hébraïque *Tohu va vohu* qui veut dire le vide, et plus spécifiquement le chaos primitif. C'est dans ce sens que Voltaire écrit: *La terre était tohu-bohu et le vent de Dieu était sur les eaux.*

Tomber comme à Gravelotte

On le dit de la pluie, lorsqu'elle est très violente. Mais ce n'était pas de l'eau qui tombait à Gravelotte. Gravelotte est une commune de la Moselle, située à une dizaine de kilomètres de Metz, et où eut lieu pendant la guerre de 1870, du 16 au 18 août, une très sanglante bataille au cours de laquelle les Français et les Allemands perdirent environ huit mille hommes. C'est à cette hécatombe que remonte notre expression...

TOMBER DE CHARYBDE EN SCYLLA

C'est échapper à un danger pour tomber dans un autre, plus grave encore. Ainsi La Fontaine nous conte la fable d'une vieille impitoyable qui, dès le chant du coq, secouait ses deux servantes. Tant et si bien que les servantes excédées tranchèrent la gorge du coq, croyant avoir ainsi la paix! Mais la vieille, craignant de laisser passer l'heure du réveil, s'agitait toute la nuit et ne leur laissait plus de repos :

C'est ainsi que, le plus souvent,
Quand on pense sortir d'une mauvaise affaire,
On s'enfonce encore plus avant:
Témoin ce couple et son salaire.
La vieille au lieu du Coq les fit tomber par là
De Charybde en Scylla.

La Fontaine, *Fables*, V, 6.

Et voilà plaisamment illustré ce qui terrorisait les marins de l'Antiquité. Charybde était un gouffre et Scylla un écueil, tous deux situés, croyait-on, dans le détroit de Messine : les navires n'évitaient l'un que pour tomber sur l'autre.

Scylla est un monstre affreux. Ses pieds – elle en a douze – ne sont que des moignons; mais sur six cous géants, six têtes effroyables ont, chacune en sa gueule, trois rangs de dents serrées, imbriquées, toutes pleines des ombres de la mort. Enfoncée à mi-corps dans le creux de la roche, elle darde ses cous hors de l'antre terrible... Jamais homme de mer ne s'est encore vanté d'avoir fait passer là sans dommage un navire: jusqu'au fond des bateaux à la proue azurée, chaque gueule du monstre vient enlever un homme.

Quant à la «divine Charybde»,

elle vomit trois fois chaque jour et trois fois, ô terreur, elle engouffre.
Odyssée, XII, 73-105.

LE TONNEAU DES DANAÏDES

C'est un travail qui ne finit jamais, qui ne peut pas finir, et pour cause : ce fameux tonneau, que les Danaïdes devaient s'évertuer à remplir, était percé de mille trous !

Les Danaïdes étaient les cinquante filles de Danaos, roi d'Argos. Il les avait mariées, toutes le même jour, à leurs cinquante cousins, mais, craignant d'être assassiné par un de ses gendres, il avait ordonné à ses filles de tuer leurs époux respectifs, dès le soir des noces. Elles obéirent toutes, sauf une, la femme de Lyncée, que son époux avait respectée. Plus tard, Lyncée vengea ses frères en tuant Danaos et les quarante-neuf Danaïdes meurtrières. Zeus précipita ces dernières dans le « noir Tartare » où elles furent condamnées à puiser éternellement de l'eau afin de remplir un tonneau percé...

LA TOUR DE BABEL

Elle fut construite après le déluge, quand les hommes vivaient en Babylonie. Ce devait être un édifice en gradins, fait de briques cuites au feu et de bitume. Or, Yahvé descendit pour voir la ville et la tour que les hommes avaient bâties. Et Yahvé dit :

Voici que tous font un seul peuple et parlent une seule langue, et tel est le début de leurs entreprises ! Maintenant aucun dessein ne sera irréalisable pour eux. Allons ! Descendons ! Et là, confondons leur langage pour qu'ils ne s'entendent plus les uns les autres. Yahvé les dispersa de là sur toute la face de la terre et ils cessèrent de bâtir la ville.

Genèse, II, 5-10.

« Babel » signifie confusion. C'est au moment où ils construisaient la tour que Dieu envoya aux hommes la confusion des langues, la mésintelligence, et puis la dispersion. De nos jours l'expression sert à qualifier un lieu où tout le monde parle à la fois et sans se comprendre. Molière utilise dans le même sens l'expression « tour de Babylone ».

TOUT VA TRÈS BIEN...

Quand on ajoute à ces mots des points de suspension ou bien l'apostrophe : « Madame la Marquise », c'est pour dire, en fait, que les choses ne pourraient aller plus mal. C'est une allusion à une chanson des années 30. La Marquise téléphone à James, son domestique, pour lui demander les nouvelles car elle est absente depuis quinze jours :

Allô, allô, James, quelles nouvelles ?

James répond :

Tout va très bien, Madame la Marquise,
Tout va très bien, tout va très bien.
Pourtant, il faut, il faut que l'on vous dise,
On déplore un tout petit rien,
Un incident, une bêtise,
La mort de votre jument grise...

Ce n'est que le début. La jument est morte dans l'incendie qui a dévasté les écuries, *tout va très bien, tout va très bien*, l'incendie a été provoqué par le suicide de Monsieur le Marquis...
À la fin de la chanson, tout va toujours très bien, mais il ne reste rien, semble-t-il, que le téléphone.

TRANCHER LE NŒUD GORDIEN

Ce n'est pas vraiment résoudre un problème, c'est empêcher qu'il continue de se poser comme il le faisait. C'est l'annuler de façon expéditive et définitive. Ainsi fit Alexandre le Grand. L'histoire se passe en Asie Mineure, à Gordion, capitale des rois de Phrygie. On raconte qu'un oracle avait prédit aux habitants qu'un char à bœufs leur apporterait un roi. Arriva par hasard, sur un chariot, Gordios, que l'on couronna aussitôt. Gordios alors attacha le timon et le joug de son char d'un nœud inextricable et fit placer le chariot dans le temple de Zeus. Or il avait été prédit également que celui qui dénouerait ce nœud conquerrait l'Asie. Beaucoup s'y essayèrent, qui échouèrent. Alexandre, lui, n'y alla pas par quatre chemins ; il trancha le nœud d'un coup d'épée, à son arrivée dans la ville (vers 334 avant J.-C.). Et il devint, en effet, le maître de l'Asie.

UN TRAVAIL DE PÉNÉLOPE

C'est un travail toujours recommencé, comme le tissage que faisait Pénélope le jour et qu'elle défaisait la nuit, afin de recommencer le lendemain. Pénélope était l'épouse d'Ulysse, roi d'Ithaque, parti à la guerre de Troie. Elle avait promis à ses nombreux prétendants d'épouser l'un d'eux quand sa toile serait finie. C'est la ruse qu'elle avait trouvée pour les faire patienter le plus longtemps possible dans l'espoir qu'Ulysse reviendrait entre temps... Un des prétendants raconte :

Nous, à son gré, faisions taire la fougue de nos cœurs. Sur cette immense toile, elle passait les jours. La nuit, elle venait aux torches la défaire. Trois années, son secret dupa les Achéens. Quand vint la quatrième, à ce printemps dernier, nous fûmes avertis par l'une de ses femmes, l'une de ses complices. Alors on la surprit juste en train d'effiler la toile sous l'apprêt et si, bon gré, mal gré, elle dut en finir, c'est que nous l'y forçâmes.

Odyssée, II, 109-146.

On sait que sa vertu et sa patience furent récompensées puisqu'Ulysse lui revint, après vingt ans d'absence, au moment où sa fidèle épouse commençait à être à court de ruses pour éloigner ses prétendants exaspérés. Pénélope est devenue le symbole même de la fidélité.

UN TRAVAIL DE TITAN

C'est une entreprise énorme, presque surhumaine. Dans la mythologie, les Titans étaient des géants, enfants d'Ouranos (le Ciel) et de Gaïa (la Terre).
Le plus jeune d'entre eux était Cronos, d'où sortit la génération des dieux olympiens. Cronos, en effet, détrôna Ouranos, puis épousa sa sœur Rhéa. Une prophétie lui ayant annoncé qu'il serait à son tour détrôné par son fils, il dévorait ses enfants au fur et à mesure qu'ils naissaient. Il dévora ainsi Hestia, Déméter, Héra, Hadès et Poséidon. Fatiguée de voir disparaître ses enfants, Rhéa s'en alla en Crète accoucher de Zeus, et fit manger une pierre emmaillotée à Cronos qui ne s'aperçut de rien.
Plus tard, Zeus fit absorber à son père une drogue qui lui fit restituer tous ses enfants. Ceux-ci déclarèrent alors à Cronos et à ses frères une guerre qui dura dix ans, la

Titanomachie. Les Titans étaient de loin les plus forts. Pour prendre d'assaut le ciel, ils entassèrent l'un sur l'autre trois des plus hauts massifs de la Grèce : l'Olympe (2 917 m), l'Ossa (1 978 m), le Pélion (1 651 m). Mais Zeus avait pour lui les Cyclopes. Ceux-ci lui donnèrent la foudre et le tonnerre, grâce à quoi il eut raison des géants et s'empara du pouvoir, que dès lors il conserva. Il confia à son frère Poséidon (Neptune) l'empire des mers et à Hadès (Pluton) celui des Enfers, ou royaume des morts.

Un travail d'Hercule

C'est un travail immense, demandant une force presque surhumaine. L'expression évoque les douze travaux auxquels Hercule fut condamné. On parle aussi d'une «force herculéenne».
Hercule, de son nom grec Héraclès, était le fils de Zeus et d'Alcmène. Il était détesté de la femme de Zeus, Héra, qui ne cessa de le persécuter, allant jusqu'à envoyer deux serpents pour l'étouffer dans son berceau. Il les étrangla et ce fut la première manifestation de sa force. Plus tard, dans un accès de folie provoqué sans doute par Héra, il tua ses enfants et, selon certaines légendes, sa femme Mégara. Un oracle ordonna à Hercule, comme châtiment, d'aller se mettre sous les ordres de son frère (ou cousin) Eurysthée, qui le haïssait et l'obligea à accomplir douze travaux.
Le premier travail fut d'aller tuer le lion terrible qui se cachait dans la forêt de Némée. Comme ni les flèches ni la massue n'entamaient sa peau, Hercule dut l'étouffer dans ses bras. Puis il dépouilla le fauve et se revêtit de sa peau, en guise d'armure.
Pour accomplir sa deuxième épreuve et tuer l'Hydre de Lerne, serpent aux nombreuses têtes qui repoussaient et se multipliaient au fur et à mesure qu'on les coupait, Hercule dut avoir recours à son ami Iolaos. Ensemble, ils vinrent à bout du monstre.
Le troisième animal à vaincre fut le sanglier d'Érymanthe, terreur des bergers et des troupeaux. Hercule le ramena

vivant à Eurysthée après une longue poursuite qui avait exténué la bête.

Il fut bien plus difficile d'attraper la biche aux pieds d'airain et aux cornes d'or. Elle était consacrée à Artémis et personne ne l'avait jamais surpassée à la course. Hercule la poursuivit pendant toute une année et enfin la ramena, vivante elle aussi, à Eurysthée.

Le cinquième travail fut d'assainir le lac de Stymphale, envahi par des oiseaux répugnants et carnivores. Les cadavres à moitié dévorés empestaient l'air, l'eau était putride. Hercule parvint à effrayer les rapaces en frappant l'une contre l'autre les cymbales qu'Athéna lui avait offertes. Il lui fut ensuite facile de les abattre à coups de flèches.

L'épreuve suivante fut de dompter le taureau furieux qui terrifiait toute la Crète. Hercule revint chez Eurysthée, avec l'animal sur ses épaules!

Hercule dut ensuite ramener à Mycènes les cavales de Diomède, bêtes sauvages dont les naseaux jetaient du feu et à qui leur maître offrait en pâture les malheureux échoués sur les côtes de Thrace.

La huitième épreuve fut dictée par la fille d'Eurysthée, qui eut la fantaisie de possèder la ceinture de la reine des Amazones. C'étaient des guerrières redoutables qui excluaient les hommes de leur société. Excellentes cavalières, elles étaient aussi habiles au maniement de l'arc et du javelot qu'à celui de la hache. Pour s'emparer de la ceinture, Hercule captura la reine, après avoir tué un grand nombre de ses cavalières.

Pour accomplir le travail suivant, il fallut à Hercule plus d'invention que de force. Il devait nettoyer les écuries d'Augias, qui contenaient trois mille bêtes et n'avaient pas été lavées depuis quelque trente ans. Hercule détourna un fleuve et le dirigea sur les étables, qui se trouvèrent ainsi nettoyées en une journée!

Eurysthée chargea ensuite Hercule de lui ramener les bœufs de Géryon. Celui-ci habitait en Espagne, c'est-à-dire au bout du monde. Il avait trois corps et se plaisait en la seule compagnie de son troupeau de féroces bœufs rouges, qu'un molosse à deux têtes et un dragon à sept gueules l'aidaient à garder. Pour s'emparer du troupeau, Hercule assomma le chien, abattit à coup de flèches le dragon et frappa le puissant Géryon qui s'écroula.

Hercule erra longtemps de par le monde avant de découvrir le jardin des Hespérides. Il devait en rapporter les pommes d'or. Les Hespérides étaient les filles d'Atlas, qui supportait la voûte céleste sur ses larges épaules. Hercule relaya Atlas pendant que celui-ci allait dans le jardin chercher les pommes. À son retour, Atlas essaya de persuader Hercule de rester encore à sa place pendant qu'il irait lui même porter les pommes à Eurysthée. Hercule feignit une grande fatigue et demanda à Atlas de reprendre un instant son fardeau. Puis il le planta là…

Enfin, pour dernière épreuve, Eurysthée exigea d'Hercule qu'il capture Cerbère, le chien à trois gueules, gardien des Enfers. C'était presque demander l'impossible, car Hercule n'obtint l'autorisation de descendre aux Enfers qu'à condition d'être sans armes. Couvert de la peau du lion de Némée, Hercule serra le cou du chien tant et si bien qu'à moitié étouffé, le monstre se laissa ligoter et transporter auprès d'Eurysthée… qui eut si peur qu'il le renvoya aussitôt aux Enfers.

TRAVAILLER POUR LE ROI DE PRUSSE

On raconte plusieurs histoires pour expliquer l'origine de cette expression utilisée depuis le XVIIIe siècle et qui signifie travailler pour rien, ou presque. Selon une première version, le mot serait de Voltaire. Après sa brouille avec Frédéric le Grand, roi de Prusse (1712-1786), qui se voulait despote éclairé et recherchait la compagnie des philosophes, Voltaire aurait exprimé son amertume d'avoir dépensé sans compter son temps et sa peine pour un monarque ingrat.

On raconte aussi que Frédéric II, dans son amour pour la France, employait des ouvriers français, qu'il payait fort mal… Ou encore, que ce souverain ne payait leur solde à ses soldats que trente jours par mois, bénéficiant ainsi de l'argent qui représentait le gage du dernier jour dans les mois de trente et un jours.

La dernière histoire est la plus belle. Le même Frédéric qui désirait vivement conquérir la Silésie, s'inquiétait de la récente alliance entre la Russie et l'Autriche et cherchait un moyen de la rompre. C'était la Russie qu'il craignait le plus. Pour en acheter la neutralité, il promit, dit-on, 40 000 florins à un certain Bestoujef, factotum à la cour de Saint-Petersbourg. Cet accord n'était en rien officiel. Bestoujef avait besoin d'argent. Frédéric fit sa guerre, mais remettait toujours le moment de payer Bestoujef. Et quand il l'eut gagnée, il joua la surprise devant Bestoujef qui continuait de réclamer son dû, et même, il se serait exclamé : « Comment, la Russie vend sa neutralité ? » Bestoujef, fort amer – et pour cause ! – prit l'habitude de dire à ceux dont les affaires allaient mal qu'ils travaillaient pour le roi de Prusse... Frédéric fut, paraît-il, très réjoui de cette plaisanterie : il pensait qu'elle l'immortaliserait plus que ses conquêtes !

TROUVER SON CHEMIN DE DAMAS

Cette expression signifie : découvrir la vérité et trouver le chemin du repentir, voire de la conversion. Elle a son origine dans l'histoire de Saul, persécuteur acharné des disciples de Jésus, et qui devait devenir Saint Paul, après que le Seigneur lui fut apparu. Il faisait route et il approchait de Damas, quand soudain une lumière venue du ciel l'enveloppa de sa clarté. Tombant à terre, il entendit une voix qui lui disait :

« Saul, Saul, pourquoi me persécutes-tu ? ». « Qui es-tu Seigneur ? » demanda-t-il. Et lui : « Je suis Jésus que tu persécutes. »
Actes des Apôtres, 9, 4-5.

Saul fut ensuite privé de la vue pendant trois jours, où il resta sans boire et sans manger. Il se repentit, se convertit et alla prêcher que Jésus était le Fils de Dieu.

TUER LA POULE AUX ŒUFS D'OR

Quelle que soit la source de richesse qu'on appelle ainsi, la morale est la même : il ne faut pas la tuer, c'est-à-dire ne pas sacrifier à des intérêts immédiats et peu considérables des ressources à venir. C'est ce que La Fontaine a voulu nous apprendre en nous contant la Fable, inspirée d'Ésope, d'une poule qui pondait tous les jours un œuf d'or. Cette poule appartenait à un avare, naïf de surcroît :

Il crut que dans son corps elle avait un trésor.
Il la tua, l'ouvrit, et la trouva semblable
À celles dont les œufs ne lui rapportaient rien,
S'étant lui-même ôté le plus beau de son bien.

La Fontaine conclut :

Belle leçon pour les gens chiches :
Pendant ces derniers temps, combien en a-t-on vus,
Qui du soir au matin sont pauvres devenus,
Pour vouloir trop tôt être riches !

La Fontaine, *Fables*, V, 13.

TUER LE VEAU GRAS

Ce veau était gras parce qu'il était nourri tout spécialement pour être sacrifié et mangé lors d'une grande occasion. L'expression « tuer le veau gras » nous vient de la parabole de l'enfant prodigue (Luc, 15, 11-22). Un homme avait deux fils. Le plus jeune lui demanda sa part d'héritage et partit au loin dépenser sa fortune. Puis vinrent des temps de famine et, comme il sentait la privation, il dut garder des porcs. Il songeait que ces bêtes étaient mieux nourries que lui et qu'il était moins bien traité que les employés de son père. Il revint donc chez lui et implora son père de le traiter comme un de ses salariés.

Mais le père dit à ses serviteurs : « Vite, apportez la plus belle robe et l'en revêtez, mettez-lui un anneau au doigt et des chaussures aux pieds. Amenez le veau gras, tuez-le, mangeons et festoyons, car mon fils que voilà était mort et il est revenu à la vie ; il était perdu et il est retrouvé ! » Et ils se mirent à festoyer.

On dit « tuer le veau gras », pour parler d'un bon repas destiné à célébrer le retour d'un être cher et longtemps absent, ou simplement un événement heureux.

LA TUNIQUE DE NESSUS

Pour les uns, c'est un cadeau empoisonné, pour les autres, le symbole des passions qui déchirent l'âme, pour d'autres encore, une contrainte morale.

Nessus était un centaure qui faisait office de passeur. Il tenta d'enlever Déjanire, la femme d'Héraclès, un jour qu'elle traversait la rivière. Alerté par les cris de la jeune femme, Héraclès abattit le centaure d'une flèche trempée jadis dans le sang empoisonné de l'Hydre (voir **UN TRAVAIL D'HERCULE**). Mais, avant de mourir, Nessus prépara sa vengeance; il offrit à Déjanire sa tunique tout imprégnée de sang, en lui recommandant de la donner à Héraclès si elle venait à douter de sa fidélité. Selon une autre version, Nessus donna à Déjanire un liquide, mélange de son sang et de sa semence, en lui recommandant d'y tremper un vêtement de son mari, si elle voyait faiblir son amour pour elle: le contact de cette drogue ranimerait ses sentiments. Quelques années plus tard, Déjanire eut recours au remède du centaure:

Héraclès ne se doutant de rien, revêtit la tunique. Mais à mesure que la tunique se réchauffait au contact de son corps, le poison qui l'imprégnait développa sa violence et attaqua la peau. (Héraclès) essayait d'enlever le poison fatal. Mais le tissu collait à son corps et la chair venait avec par lambeau. Dans cet état, il fut transporté à Trachis sur un bateau. Quand elle comprit ce quelle avait fait, Déjanire se suicida. Héraclès prit alors ses dernières dipositions [...] Puis il gravit le mont Œta, [...] et au sommet, dressa un grand bûcher sur lequel il monta. [...] Pendant que le bûcher brûlait, un coup de tonnerre retentit et le héros fut enlevé au ciel sur un nuage.

Pierre Grimal
Dictionnaire de la mythologie grecque et romaine.

U

L'UNION DE L'AVEUGLE ET DU PARALYTIQUE

On en parle en s'en moquant, lorsque les forces que deux personnes, deux groupes ou deux partis mettent en commun, semblent dérisoires. Et pourtant, la fable de Florian, *L'Aveugle et le Paralytique*, n'est pas le moins du monde ironique.

Deux misérables vivaient dans une même ville. L'un, couché sur un grabat, ne parvenait pas à troubler de ses plaintes la foule qui passait sur la place. L'autre, aveugle, errait désespérément, sans même un chien pour le guider; il finit par se trouver tout près du paralytique dont les cris l'émurent; il s'approcha. Ils échangèrent quelques mots de douleur et de réconfort, après quoi l'aveugle dit:

[...] à nous deux
Nous possédons le bien à chacun nécessaire:
J'ai des jambes et vous des yeux;
Moi, je vais vous porter; vous, vous serez mon guide;
Vos yeux dirigeront mes pas mal assurés;
Mes jambes, à leur tour, iront où vous voudrez.
Ainsi, sans que jamais notre amitié décide
Qui de nous deux remplit le plus utile emploi,
Je marcherai pour vous, vous y verrez pour moi.

Florian, *Fables*, I, 20.

URBI ET ORBI

Formule latine, qui signifie littéralement «à la Ville et à l'Univers». La Ville par excellence, pour les Latins, c'était Rome. Traditionnellement, les Catholiques disent que le pape donne sa bénédiction *Urbi et orbi* quand il bénit les pèlerins et le monde entier du haut de la loge de la basilique Saint-Pierre à Rome. Dans le langage courant, ces mots signifient, tout simplement, partout. On dira, par exemple, que l'on proclame quelque chose *urbi et orbi*...

V

LES VACHES MAIGRES

La période des vaches maigres avait beau succéder à celle des vaches grasses, le souvenir de ces dernières n'est pas resté dans le langage courant. Néanmoins, si l'on évoque les vaches maigres pour signifier qu'on est très désargenté, c'est dans la pensée que cette situation est provisoire et que les vaches grasses viendront à leurs tour.

L'histoire des vaches grasses et maigres se trouve dans la Genèse au chapitre 41. Pharaon avait fait un rêve et pour l'interpréter il appela Joseph, un jeune Hébreu dont on vantait les connaissances en la matière.

Pharaon parla ainsi à Joseph : « Dans mon songe, il me semblait que je me tenais sur la rive du Nil. Voici que montèrent du Nil sept vaches grasses de chair et belles d'aspect, qui pâturèrent dans les joncs. Mais voici que sept autres vaches montèrent après elles, efflanquées, très laides d'aspect et maigres de chair, je n'en ai jamais vu d'aussi laides dans tout le pays d'Égypte. Les sept vaches maigres et laides dévorèrent les sept premières, les vaches grasses. Et lorsqu'elles les eurent avalées, on ne s'aperçut pas qu'elles les avaient avalées car leur apparence était aussi laide qu'au début. » Joseph expliqua alors à Pharaon que les sept vaches grasses étaient sept années de prospérité et qu'elles seraient suivies de sept années de famine qui feraient oublier les années d'abondance. Pharaon confia à Joseph l'administration de l'Égypte et Joseph fit si bien mettre de côté les récoltes des années prospères que jamais l'Égypte ne manqua de pain, tandis que la famine ravageait les autres pays.

LE VAUDEVILLE

Le vaudeville est né dans les Vaux de Vire : deux vallées à l'ouest de la ville de Vire, en Normandie, arrosées par la Vire et la Virène.

C'est là, dans un moulin, que vécut au XVe siècle Olivier Basselin, créateur du vaudeville : c'était une chanson de circonstance, populaire et satirique, que l'on appelait «vaux de vire», du nom du lieu où elle était née. C'est le nom que lui donne encore Vauquelin de la Fresnaye (1536-1606), dans son *Art Poétique:*

[...] les vaux de vire
Qui sentent le bon temps, nous font encore rire.

Au XVIIe siècle, les vaudevilles étaient devenus des chansons très gaies et très licencieuses. Pendant les troubles de la Ligue, puis pendant la Fronde, les victoires et les déroutes des différents partis, les intrigues, les médisances, tout était sujet à vaudevilles. On les chantait sur le Pont-Neuf. Et puis, vers la fin du siècle, on se mit à donner des pièces avec vaudevilles dans les théâtres des foires. Après la Révolution, une scène spéciale, «le théâtre du Vaudeville», fut créée pour ce genre de pièces – des dialogues coupés de couplets amusants – qu'il ne faut pas confondre avec l'opéra comique. De nos jours encore, c'est à ce théâtre d'un style gai et plutôt léger, d'un comique quelquefois osé, que s'applique le nom de vaudeville.

Par suite, on emploie le terme de «vaudeville» pour parler d'une situation, le plus souvent comique et même ridicule, qui ne serait pas déplacée dans une pièce de vaudeville. Il n'est point besoin d'exemples, la vie abonde en ce genre de situations!

VENDRE LA PEAU DE L'OURS

Deux compagnons pressés d'argent
À leur voisin fourreur vendirent
La peau d'un ours encore vivant.

Voilà leur fortune assurée, ainsi que celle du marchand qui de cette peau pourrait fourrer au moins deux robes. D'autant que cet ours était le plus beau de la forêt...

Restait à le tuer ! Ils y vont, trouvent l'ours, ou plutôt l'ours les trouve. L'un grimpe en haut d'un arbre, l'autre fait le mort au milieu du chemin. L'ours tombe dans le panneau, l'examine, le croit bien mort et s'en va. Redescendu de son arbre, le premier compagnon demande au second ce que l'ours lui disait tandis qu'il le regardait de si près.

Il m'a dit qu'il ne faut jamais
Vendre la peau de l'ours qu'on ne l'ait mis par terre.
La Fontaine, *Fables*, V, 20.

La morale de cette histoire est claire, comme le sens de notre expression : «vendre la peau de l'ours», c'est miser sur une affaire comme si elle était faite, alors qu'elle reste à faire et peut-être ne se fera jamais.

VENI, VIDI, VICI

C'est-à-dire, en français : «Je suis venu, j'ai vu, j'ai vaincu». On cite ces mots de César pour évoquer un succès facile et rapide ; et c'est le plus souvent en manière de plaisanterie.
On pourra dire «Veni, vidi, vici» si l'on a débrouillé une affaire compliquée, si l'on a trouvé la solution d'un problème que l'on croyait inextricable, ou surtout, en amour, si l'on a vaincu les résistances d'une personne réputée difficile à séduire, et si l'on a soi-même le cœur assez dur pour s'en vanter... Mais ce n'était pas de conquête amoureuse qu'il s'agissait pour César. Il s'adressait au Sénat romain lorsqu'il écrivit ces mots, et il annonçait ainsi la victoire rapide qu'il venait de remporter, près de Zéla, sur Pharnace II, roi du Pont, en 47 avant J.-C.

UNE VÉRITÉ DE LA PALICE !

C'est une évidence par trop naïve, une «lapalissade», dont on ne peut s'empêcher de se moquer. À moins qu'on ne s'exclame : «La Palice en aurait dit autant»! Et pourtant on ignore absolument ce qu'a bien pu dire ou ne pas dire Jacques de Chabannes, seigneur de La Palice et Maréchal de France qui participa sous Charles VIII, Louis XII et François Ier aux guerres d'Italie et qui se distingua à

Marignan (1515), à la Bicoque (1522) et au siège de Marseille. Il fut tué à Pavie en 1525, après avoir montré encore une fois sa vaillance. Ses soldats composèrent alors une chanson à sa gloire et cette chanson, qui disait qu'il s'était bravement battu jusqu'au dernier moment, fut déformée. Elle en devint d'une naïveté qui est restée célèbre et qui a fini par être associée à la personnalité même du héros :

Monsieur de La Palice est mort,
Est mort devant Pavie,
Un quart d'heure avant sa mort,
Il était encore en vie.

Au XVIIIe siècle, La Monnoye composa sur ce mode 51 couplets qui forment la *Chanson de Monsieur de La Palice*.

Une victoire à la Pyrrhus

C'est une victoire qui a coûté trop cher pour que l'on puisse s'en réjouir.
L'expression trouve son origine dans le mot qu'eut Pyrrhus, roi d'Épire (316-272 avant J.-C.), après sa victoire d'Héraclée (280). Elle lui avait coûté treize mille hommes (les Romains, de leur côté comptaient quinze mille morts). Pyrrhus devait la victoire à ses éléphants, qui terrifiaient les soldats romains. À ceux qui le félicitaient d'avoir battu l'armée romaine, il répondit, non sans amertume : «Encore une victoire comme celle-là, et nous sommes perdus». Il vainquit encore l'année suivante à Asculum, où le succès fut tout aussi chèrement acheté, puis il connut des défaites et renonça à son projet de conquérir l'Italie.

Vieux comme Hérode

Hérode était le nom de plusieurs rois de Palestine qui régnèrent sous la domination romaine et appartenaient à la même famille. Aucun d'entre eux ne se distingua par une longévité extraordinaire. L'expression signifie plutôt : assez vieux pour remonter au temps d'Hérode. Le plus connu des rois qui portèrent ce nom est Hérode Ier, dit le

Grand, (37-4 avant J.-C.). C'est lui qui entreprit de reconstruire le Temple de Jérusalem, vers 20 avant J.-C. C'est lui aussi qui, apprenant la naissance à Bethléem d'un enfant (Jésus) à qui était promis, disait-on, le royaume de Judée, fit mettre à mort tous les nouveaux-nés mâles de cette ville : ce fut le massacre des Innocents.

Vieux comme Mathusalem
Quand Mathusalem eut cent-quatre-vingt-sept ans, il engendra Lamek. Après la naissance de Lamek, Mathusalem vécut sept cent-quatre-vingt-deux ans et il engendra des fils et des filles. Toute la durée de la vie de Mathusalem fut de neuf cent-soixante-neuf ans, puis il mourut.

Genèse, 5, 25-27.

Que dire de plus ? On rappellera simplement que tous les premiers patriarches vivaient très longtemps, mais Mathusalem les surpassa tous. C'était un signe de bénédiction divine. Par la suite, les patriarches ne vécurent plus que cent ou deux cents ans…

Un vilain petit canard
C'est un enfant moins de beau ou moins intelligent que ses frères et sœurs. Si on se moque de lui, c'est qu'on oublie le dénouement du conte d'Andersen (1805-1875), *Le Vilain Petit Canard*. Il y avait un caneton, plus grand et plus gris que les autres ; ses sœurs, puis sa mère le repoussèrent à cause de sa laideur. Il s'enfuit, tout chagrin, mais partout il fut raillé, mordu, chassé… Si bien qu'un jour il appela la mort et il voulut qu'elle lui vienne des plus beaux oiseaux, les cygnes ; il baissa la tête devant eux, attendant leurs coups, mais, dans le reflet de l'eau, il vit alors que lui, le vilain petit canard, était devenu le plus merveilleux des jeunes cygnes.

Un violon d'Ingres
C'est qu'Ingres n'était pas violoniste, mais peintre et dessinateur. En dehors de son activité picturale, qu'il considérait comme sa vocation et sa profession, il suivit des cours de musique et excella, dit-on, au violon.

Le violon d'Ingres est un dada, un hobby, une activité, souvent artistique, à laquelle on s'adonne à côté de son activité principale ou professionnelle. Parmi les violons d'Ingres célèbres, citons la serrurerie pour le roi Louis XVI, la botanique pour l'écrivain Jean-Jacques Rousseau, ou encore la diplomatie pour le poète Saint-John Perse...

VOILÀ POURQUOI VOTRE FILLE EST MUETTE

On le dit par dérision, en guise de conclusion à une démonstration confuse qui n'explique rien. Le mot vient de Molière. Dans *Le Médecin malgré lui*, Martine trouve à se venger des coups de son mari Sganarelle en le faisant passer pour un médecin fantasque, auquel seules les brutalités font avouer son art. Sganarelle doit soigner Lucinde qui a perdu la voix ou du moins qui le feint, pour cause d'amour contrarié. Voici le diagnostic que fait au père de la malade le médecin malgré lui :

SGANARELLE
Or ces vapeurs venant à passer du côté gauche où est le foie, au côté droit où est le cœur, il se trouve que le poumon, que nous appelons en latin armyan, ayant communication avec le cerveau, que nous nommons en grec nasmus, par le moyen de la veine cave, que nous appelons en hébreu cubile, rencontre en son chemin les dites vapeurs, qui remplissent les ventricules de l'omoplate ; et parce que les dites vapeurs... comprenez bien ce raisonnement, je vous prie ; et parce que les dites vapeurs ont une certaine malignité... écoutez bien ceci, je vous conjure.

GÉRONTE
Oui.

SGANARELLE
Ont une certaine malignité, qui est causée... Soyez attentif, s'il vous plaît.

GÉRONTE
Je le suis.

SGANARELLE
Qui est causée par l'âcreté des humeurs engendrées dans la concavité du diaphragme, il arrive que ces vapeurs... Ossabandus, nequeyrs, nequer, potarimum, quipsa milus. Voilà justement ce qui fait que votre fille est muette.

UNE VOIX DE SIRÈNE

C'est une voix ravissante, ensorcelante, séductrice; elle attire auprès d'elle et précipite à leur perte les malheureux qui ne se méfient pas. Femmes fatales, les Sirènes l'étaient littéralement puisqu'elles faisaient mourir les marins qui les approchaient, charmés par les accents de leur merveilleuse musique.

Selon certaines légendes, c'étaient des femmes; selon d'autres, des démons marins, moitié femmes, moitié oiseaux. Elles étaient deux ou trois ou quatre, on ne s'accorde pas bien sur ce point, et se tenaient sur une île de la Méditerranée. Elles chantaient et leur chant donnait aux marins qui l'entendaient une envie irrésistible d'écouter et de s'approcher pour entendre mieux. Les navires alors se brisaient sur les rochers.

Elles charment les mortels qui les approchent. Mais bien fou qui relâche pour entendre leur chant! Jamais en son logis sa femme et ses enfants ne fêtent son retour: car de leurs fraîches voix, les Sirènes le charment, et le pré, leur séjour, est bordé d'un rivage tout blanchi d'ossements et de débris humains dont les chairs se corrompent.

Odyssée, XII, 39-46.

Les Argonautes passèrent, dit-on, à portée des Sirènes et de leurs voix captatrices mais Orphée couvrit de son chant celui des monstres. Quand à Ulysse, lorsqu'il dut passer près du repaire des Sirènes, il boucha les oreilles de tout son équipage avec des boulettes de cire. Lui-même, solidement attaché à un mât, se permit d'écouter leur chant. Mais il avait pris la précaution d'interdire qu'on le libérât, quoi qu'il fît. C'est ainsi que le rusé Ulysse échappa aux Sirènes, dont l'une, dit-on, se noya de dépit!

UNE VOIX DE STENTOR

C'est une voix d'une force prodigieuse, mais qui ne trouve pas nécessairement son emploi à l'Opéra. Stentor était un guerrier grec dont la voix était «de bronze» et qui, tout seul criait «aussi fort que cinquante hommes» (Homère, *Iliade*, V, v. 784-791). On comprend que ce soient ses traits et surtout sa voix que la déesse Héra ait adoptés un moment, pour stimuler l'ardeur et le courage de l'armée grecque!

Y

LES YEUX D'ARGUS

Argos ou Argus était un berger gigantesque et qui avait le talent inestimable de voir partout à la fois. Les uns lui attribuent une infinité d'yeux, les autres quatre, deux devant et deux derrière, d'autres enfin, un seul œil qui aurait eu le pouvoir de tourner... Rien ne lui échappait car il ne dormait jamais tout à fait et pouvait plonger ses regards dans toutes les directions :

> *Je m'épouvante quand je vois le bouvier aux yeux innombrables. Le voici qui s'élance avec son regard perfide.*
>
> Eschyle, *Prométhée enchaîné*, v. 568-570.

C'est à ce berger qu'Héra, l'épouse de Zeus, confia la garde d'une génisse que Zeus lui avait offerte sur sa demande et dont elle soupçonnait qu'elle n'était pas... celle qu'elle semblait être. Héra avait raison. Cette génisse n'était autre qu'Io, une jeune nymphe que Zeus aimait et qu'il avait métarmophosée dans l'espoir de cacher ses amours à son épouse. Il n'en fut rien. Alors Zeus ordonna à Hermès de tuer Argus afin de libérer Io. Le rusé Hermès charma le berger avec sa flûte ; il l'endormit avec des pavots puis lui coupa la tête. Héra, furieuse, lança sur la pauvre génisse un taon qui la harcela et la força à fuir jusqu'en Égypte (où Zeus la rejoignit bientôt). Elle y reprit sa forme et fut identifiée à la déesse Isis. Quant à Argus, Héra sema ses yeux sur la belle queue du paon, son favori parmi les oiseaux.

On dit d'une personne à qui rien n'échappe, qu'elle a des «yeux d'Argus». Un «Argus», c'est un espion et un bon espion. Depuis le début de notre siècle, le mot a aussi pris un sens nouveau, dérivé du précédent, celui de «source de renseignements exacts». Nous avons ainsi l'Argus du bâtiment, celui de l'automobile, etc.

LES YEUX DE CHIMÈNE
Ce sont les yeux de l'amour, ceux que l'on prête à Chimène regardant Rodrigue (Dans *Le Cid*, de Corneille). Sans doute imaginons-nous plus facilement les femmes amoureuses car, pour rester fidèle à l'origine de cette expression, il faudrait dire, au contraire, «les yeux de Rodrigue»; Boileau écrivit, dans sa neuvième *Satire*, v. 232:

Tout Paris pour Chimène a les yeux de Rodrigue.

DES YEUX DE LYNX
Est-ce à tort qu'on évoque les beaux yeux cruels, jaunes et perçants, d'un énorme chat sauvage? «Lynx» ici n'est qu'une déformation du nom de Lyncée, le pilote des Argonautes qui partirent avec Jason à la conquête de la Toison d'Or, mais Lyncée lui-même devait son nom à l'animal dont on croyait que les yeux avaient des capacités fabuleuses. Ce Lyncée était un précieux auxiliaire car il avait la faculté de voir jusqu'au fond de la mer et jusqu'au bout de l'horizon.

INDEX

A

Adieu veau, vache, cochon 9
Adorer le veau d'or 9
Agapes (des) 10
Aller à Canossa 7, 10
Aller au diable Vauvert 11
Âne de Buridan (l') 12
À nous deux, Paris 12
À Pâques ou à la Trinité 13
Apocalypse 13
Après moi le déluge 14
Argent n'a pas d'odeur (l') 14
Arriver comme les carabiniers 15
Attacher le grelot 15
Autant en emporte le vent 16

B

Bacchanale (une) 17
Baiser de Judas (le) 70
Battre la chamade 17
Beau comme un Adonis 18
Boîte de Pandore (la) 18
Bon Samaritain (un) 19
Bottes de sept lieues (les) 20
Bouc émissaire (un) 20
Bras de Morphée (dans les) 20
Brebis égarée (une) 21
Brûler ce qu'on a adoré 21
Brûler ses vaisseaux 22

C

Cacique (un) 23
Calvaire 101
Capharnaüm (un) 23
Catilinaire (une) 23
Ça tombe comme à Gravelotte 7
Ce n'est pas le Pérou 43
Cerbère (un) 24
C'est de la merde
  dans un bas de soie 24
C'est la montagne
  qui accouche d'une souris 24
C'est la pomme de Newton 25
C'est le Pérou 43
Chambre introuvable (la) 25
Chemin de Damas 7
Cheval de Troie (le) 25
Chien d'Ulysse (le) 26
Cinquième colonne (la) 25, 26

Colosse aux pieds d'argile (un) 27
Combat de David
  et de Goliath (le) 27
Comment peut-on être Persan ? 28
Complexe d'Œdipe (le) 28
Corne d'abondance (une) 29
Coup de Jarnac (un) 30
Coup de pied de l'âne (le) 30
Coup de Trafalgar (un) 31
Cour du roi Pétaud (la) 31
Crier haro sur le baudet 32
Cultiver son jardin 32, 33

D

Dédale (un) 35
Délices de Capoue (les) 35
Demi-monde (le) 36
Denier de la veuve (le) 36
Dieu reconnaîtra les siens 37
Discussions byzantines (des) 37
Diseur de Phébus (un) 37
Dix plaies d'Égypte (les) 7, 37
Don Juan (un) 38
Don Quichotte (un) 39
Douze travaux d'Hercule 7

E

Écho (un) 41
Éclairer sa lanterne 41, 42
Égérie (une) 42
Eldorado (l') 43
Embarquement
  pour Cythère (l') 43, 44
Encore un moment,
  Monsieur le bourreau ! 44
Enfourcher Pégase 44
En habit d'Ève 45
En mettre sa main au feu 46
Envoyer à la lanterne 47
Épée de Damoclès (l') 47
Être changé en statue de sel 47
Être comme la mule du pape 48
Être comme le chien
  de Jean de Nivelle 49
Être laconique 49
Être marié de la main gauche 50
Être médusé 50, 123
Être sur la sellette 50
Eurêka ! 51

F

Faire du ramdam 53
Faire la grève 53
Faire la mouche du coche 54
Faire le matamore 54
Faire le zouave 54
Famille Fenouillard (une) 55
Fée Carabosse (une) 55
Femme de César ne doit pas
  être soupçonnée (la) 56
Festin pantagruélique (un) 56
Fier comme Artaban 6, 56, 57
Fil d'Ariane (le) 57
Fille d'Ève 46
Flèche du Parthe (la) 5, 57, 58
Foi du charbonnier (la) 58
Fourchette 45
Français moyen (le) 58
Franchir le Rubicon 7, 59
Fumer le calumet de la paix 59
Furie (une) 59

G

Garde prétorienne (la) 61
Grand mamamouchi (le) 61

H

Harpie (une) 63
Honni soit qui mal y pense 63
Huitième merveille du monde (la) 63

I

Idée sortie tout armée
  de la tête de quelqu'un (une) 67
Il ne manque pas un bouton
  de guêtre 7, 67
Ils sont trop verts... 68
Image d'Épinal (une) 68

J

Jérémiades (des) 69
Jeter la pierre 69
Judas (un) 70
Jugement de Pâris (le) 99
Jugement de Salomon (un) 71
Juif errant (le) 71

L

La cuisse de Jupiter 7
Laid comme les 7 péchés capitaux 73
Le fruit défendu 45
Les galions sont arrivés 43

Limoger 73
Lit de Procuste (le) 73
Loi draconienne (une) 74
Lucullus 6
Lucullus dîne chez Lucullus 74

M

Maître Jacques (un) 75
Mal de Naples (le) 75
Manne céleste (une) 76
Marie-Madeleine (une) 76
Messaline (une) 77
Messieurs les Anglais,
  tirez les premiers! 78
Mettre la poule au pot 78
Montrer patte blanche 78
Mot de Cambronne (le) 79
Mouchoir d'Adam 45
Mouton de Panurge (un) 7, 79
Muet comme un sphinx 80
Muse (taquiner la) 128

N

Narcisse (un) 81
Ne pas se moucher du pied 81
Nez de Cléopâtre (le) 82
No man's land 82
Nourri dans le sérail 83
Nuit du 4 août (une) 83, 127
Nul n'est prophète en son pays 84

O

Odyssée (une) 85
Œil du maître (l') 85
Œil pour œil, dent pour dent 130
Œuf de Colomb (l') 86
On ne peut contenter
  tout le monde et son père 86
Ours mal léché (un) 87
Où sont les neiges d'antan? 88
Ouvrier de la onzième
  heure (l') 88, 89

P

Paille et la poutre (la) 91
Panacée universelle (une) 91
Pantalonnade (une) 92
Paria (un) 92
Paris vaut bien une messe 92
Paroles sibyllines (des) 93
Parques (les) 93
Passer sous les fourches caudines 93
Passons au déluge 94

Pauvre comme Job   95
Pavé de l'ours (le)   95
Payer en monnaie de singe   96
Pays de cocagne (le)   96
Peigne   45
Perfide Albion (la)   97
Petites filles modèles (les)   97
Pétroleuse (une)   97
Philippique (une)   98
Pleurer comme une madeleine   77
Politique de Gribouille (une)   99
Pomme d'Adam   46
Porte étroite (la)   100
Porter au pinacle   100
Porter sa croix   101
Portion congrue (la)   101
Pot de terre et le pot de fer (le)   101
Problème cornélien (un)   102

Q

Quadrature du cercle (la)   105
Que la République était belle
 sous l'Empire!   105

R

Radeau de la Méduse (le)   107
Ralliez-vous
 à mon panache blanc!   108
Rendre à César ce qui est à
 César   108
Renvoyer aux calendes grecques   108
Retour de l'enfant
 prodigue (le)   21, 109
Retraite sur l'Aventin   109
Revenons à nos moutons   109
Riche comme Crésus   110
Rire homérique (un)   111
Rocher de Sisyphe (le)   112
Roi est mort, vive le roi! (le)   112
Roi n'est pas son cousin (le)   112
Rome n'est plus dans Rome   113

S

Sabre et le goupillon (le)   115
Saint Thomas (un)   115
Se faire l'avocat du diable   116
Sel de la terre (le)   116
Se mettre en rangs d'oignons   116
Se mettre sur son trente-et-un   7
S'enfermer dans sa tour d'ivoire   117
S'en laver les mains   117
S'en moquer comme
 de l'an quarante   118
Sentir le fagot   118

Se parer des plumes du paon   118
séparer le bon grain de l'ivraie   119
Se porter comme le Pont-Neuf   120
Sept collines de Rome   7
Sept merveilles du monde   7
Se reposer sur ses lauriers   121
Se retirer sous sa tente   121
Sésame ouvre-toi!   122
Sigisbée (un)   122
Sorti de la cuisse de Jupiter   122
Sous l'égide de   29, 123
Sous les auspices de   123
Supplice de Tantale (le)   124

T

Taillable et corvéable à merci   127
Talon d'Achille (le)   127
Taquiner la muse   128
Tarte à la crème (une)   128
Tendre l'autre joue
 (ou la joue gauche)   129
Tenir le haut du pavé   130
Tenir quelqu'un sur la sellette   50
Terre promise (la)   130
Tirer les marrons du feu   131
Tohu-bohu (un)   131
Tomber comme à Gravelotte   131
Tomber de Charybde en Scylla   132
Tonneau des Danaïdes (le)   7, 133
Tour de Babel (la)   133
Tout va très bien,
 Madame la Marquise   134
Trancher le nœud gordien   134
Travail de Pénélope (un)   135
Travail de Titan (un)   135
Travail d'Hercule (un)   136
Travailler pour le roi de Prusse   7, 138
Trouver son chemin de Damas   139
Tuer la poule aux œufs d'or   139
Tuer le veau gras   109, 140
Tunique de Nessus (la)   140

U

Une vraie plaie d'Égypte   38
Union de l'aveugle
 et du paralytique (l')   143
Un travail de titan   29
Un travail d'hercule   141
Urbi et orbi   143, 144

V

Vaches maigres (les)   145
Vaudeville (le)   146
Vendre la peau de l'ours   146, 147

Veni, vidi, vici 147
Vérité de La Palice! (une) 147
Victoire à la Pyrrhus (une) 148
Vieux comme Hérode 5, 148
Vieux comme Mathusalem 5, 149
Vilain petit canard (un) 149
Violon d'Ingres (un) 149
Voilà pourquoi votre fille
  est muette 150

Voix de sirène (une) 151
Voix de Stentor (une) 7, 151

Y

Yeux d'Argus (les) 153
Yeux de Chimène (les) 154
Yeux de lynx (des) 154

Imprimé en Espagne par Novoprint (Barcelone)
N° d'édition : 004930-02 – Dépôt légal : mars 2009